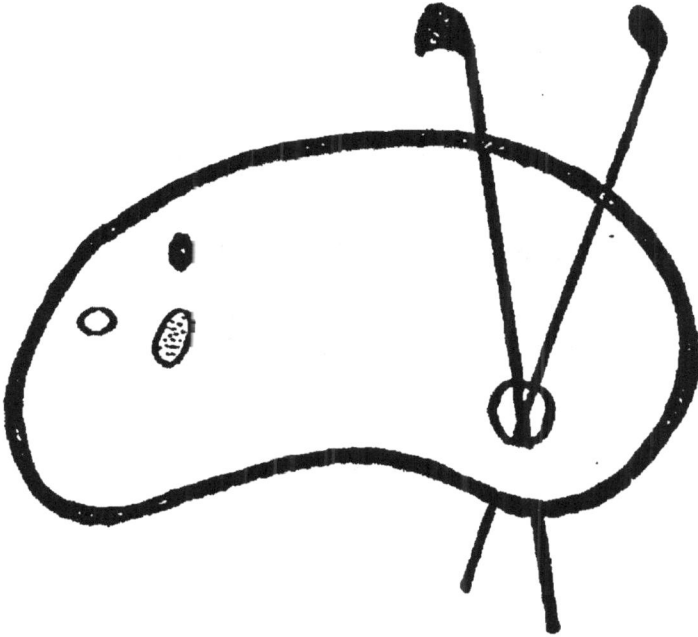

DEBUT D'UNE SERIE DE DOCUMENTS
EN COULEUR

DROIT ROMAIN

DE LA

GARANTIE EN CAS D'ÉVICTION

DROIT FRANÇAIS

RESPONSABILITÉ CIVILE
DES NOTAIRES

THÈSE POUR LE DOCTORAT

PAR

Victor BACHELEZ

PARIS

LIBRAIRIE NOUVELLE DE DROIT ET DE JURISPRUDENCE

ARTHUR ROUSSEAU

ÉDITEUR

14, RUE SOUFFLOT ET RUE TOULLIER, 13

1894

Imp. G. Saint-Aubin et Thevenot, Saint-Dizier, (Haute-Marne), 15-17, Passage Verdeau, Paris

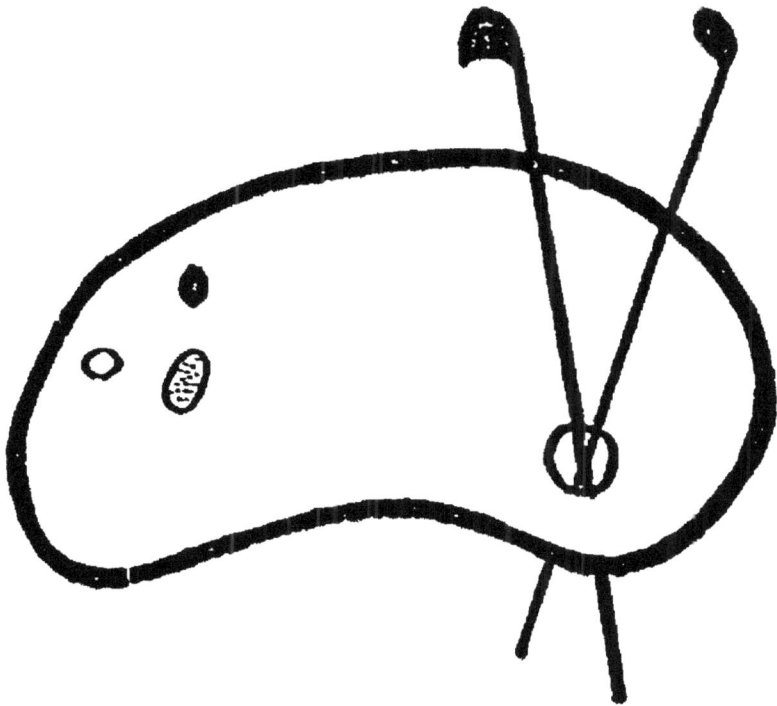

FIN D'UNE SERIE DE DOCUMENTS
EN COULEUR

THÈSE

POUR LE DOCTORAT

FACULTÉ DE DROIT DE PARIS

DROIT ROMAIN

—

DE LA
GARANTIE EN CAS D'ÉVICTION

DROIT FRANÇAIS

—

RESPONSABILITÉ CIVILE
DES NOTAIRES

—

THÈSE POUR LE DOCTORAT

L'ACTE PUBLIC SUR LES MATIÈRES CI-APRÈS

Sera soutenu le vendrdi 21 décembre 1894, à 1 heure.

PAR

Victor BACHELEZ

Président : M. Léon MICHEL, *professeur.*

Suffragants : { MM. LARNAUDE,
PLANIOL, } *professeurs.*
LESUEUR, *agrégé.*

PARIS

LIBRAIRIE NOUVELLE DE DROIT ET DE JURISPRUDENCE

ARTHUR ROUSSEAU

ÉDITEUR

14, RUE SOUFFLOT ET RUE TOULLIER, 13

—

1894

DROIT ROMAIN

DE LA GARANTIE EN CAS D'ÉVICTION

INTRODUCTION

La loi 1 *principium de rerum permutatione* met à la
charge du vendeur trois obligations.

Le vendeur doit :

1° Fournir à l'acheteur la possession de la chose vendue ;

2° S'abstenir de tout dol dans l'accomplissement de
cette obligation ;

3° Garantir l'acheteur de toute éviction.

L'obligation de garantie a trait non seulement à l'é-
viction dont l'acheteur peut être atteint relativement à la
chose vendue, mais bien aussi aux vices cachés qui
peuvent affecter celle-ci. Le texte que nous venons de
citer plus haut ne parle que de la garantie en cas d'é-
viction, la garantie des vices cachés ayant été créée par
l'édit des édiles curules.

Nous nous occuperons exclusivement de la garantie
en cas d'éviction.

APERÇU HISTORIQUE.

La conscience publique s'est de tout temps opposée à
ce qu'un individu pût s'enrichir aux dépens d'autrui ;
pratiquement cette règle se traduit en matière de vente
par l'obligation de garantie dont est tenu le vendeur
dans le cas où le droit transmis par lui à l'acheteur
n'aurait eu qu'une existence problématique ou imagi-
naire, et où ce dernier viendrait à s'en voir dépouiller.
Etudier l'évolution historique de cette obligation, tel
est l'objet de ce travail.

Au début du droit romain, le crédit n'existait pas et
les opérations se traitaient au comptant ; le contrat de
vente proprement dit ne se distinguait pas de l'exécution
de ce contrat, lequel comporte deux prestations : livraison de l'objet vendu, paiement du prix. La *mancipatio*
réalisait la vente : en présence des cinq témoins, représentant le peuple romain, l'acheteur recevait la propriété
des mains du vendeur et le prix était pesé dans la balance du *libribens*. Vendre un objet, le manciper alors
qu'on n'en était pas propriétaire constituait une sorte
d'imposture ; placer une transaction sans fondement
sous la garantie de l'État, c'était un véritable délit : aussi,
si, dans le délai de deux ans nécessaire pour usucaper,
l'acheteur venait à être évincé, il avait l'*actio auctorita-*
tis pour exiger du vendeur le double du prix pesé lors
de la *mancipatio*. Mais la *mancipatio* n'était pas possi-

ble pour tous les objets et bientôt la tradition devint un mode plus général de traiter au comptant. Dans ce cas, si l'acheteur s'en remettait à la bonne foi du vendeur, il n'avait sans doute aucune voie de droit contre lui, et il devait se borner à faire noter son nom d'infamie sur le registre des censeurs. Pour préciser l'obligation du vendeur, il fallait donc la faire passer dans le moule de la *stipulatio*, et de là probablement l'origine de la *stipulatio duplæ*, ayant pour but de donner au cas d'une tradition suivie d'éviction une action analogue à l'action *auctoritatis*.

Inventée pour l'hypothèse de la *traditio*, la stipulation *duplæ* dut servir également au cas de *mancipatio*. Il arriva bien vite en effet que les marchés ne se conclurent plus au comptant et que le crédit prit naissance ; d'abord le vendeur fut censé prêter l'argent nécessaire au paiement à son acheteur, et cet argent était réellement pesé ; mais au bout de peu de temps on en arriva à se contenter de toucher le plateau de la balance d'un lingot d'airain, c'était un prix fictif : l'obligation de garantie née de l'*actio auctoritatis* eut alors été dérisoire ; il fallut nécessairement avoir recours à la *stipulatio duplæ* pour donner une utilité objective au recours de l'acheteur en cas d'éviction.

Quand on aboutit à distinguer le contrat de vente de son exécution, le contrat se forma par des stipulations réciproques : c'est le crédit pratiqué des deux côtés et la clause pénale du double se retrouve encore sous cette forme.

Lorsque l'*emptio venditio* devint un contrat consensuel, de bonne foi, l'*actio empti* ne tendit d'abord qu'à
la délivrance de l'objet acheté et l'obligation de garantie
n'était pas sanctionnée par cette action ; elle n'était
même pas sanctionnée du tout si la stipulation spéciale
du double n'était intervenue.

Plus tard l'*actio empti* fut étendue à l'obligation de
garantie ; dès lors l'acheteur eut le choix entre l'*actio
empti* et l'*actio ex stipulatu duplæ*, si toutefois cette
stipulatio avait eu lieu, et il se déterminait par des considérations que nous n'avons pas à énumérer ici entre
l'action de bonne foi et l'action de droit strict. Mais, à
une époque encore postérieure, un nouveau progrès fut
accompli, on supprima la nécessité d'une stipulation
effective, en la considérant comme clause de style : il en
résulta que, si une stipulation n'était pas intervenue,
cependant l'*actio empti* procurait le même résultat.

PLAN.

L'obligation de garantie en cas d'éviction est la conséquence naturelle et presque forcée de l'obligation imposée au vendeur de fournir à l'acheteur la possession
de la chose vendue. Qu'importe à l'acheteur d'avoir la
possession de cette chose, si cette possession est éphé-
mère, si le vendeur n'est pas tenu de la maintenir aux
mains de son ayant cause, de s'en porter garant ? Livrer et garantir forment donc une seule et même obli-

gation ayant pour but de faire avoir la chose à l'acheteur « *rem præstare habere licere* » dit significativement un texte d'Africain (1).

L'obligation de garantie qui a pour but d'assurer à l'acheteur la possession de la chose s'exerce au moment où cette possession est troublée, or ce trouble peut émaner d'un tiers ou du vendeur lui-même.

S'il émane du vendeur, il ne saurait avoir d'effet, le vendeur ne pouvant troubler une possession qu'il s'est engagé à garantir, « *garant n'évince pas* », l'acheteur repoussera le vendeur par l'exception de garantie.

Si au contraire le trouble émane d'un tiers, ce qui arrivera le plus souvent, si par exemple, le vendeur ayant vendu la chose d'autrui ainsi qu'il en a le droit, le véritable propriétaire exerce l'action en revendication contre l'acheteur, celui-ci se réclamera de son auteur et exercera contre lui l'action en garantie.

Action en garantie, obligation de garantie sont des expressions corrélatives, l'une étant la sanction de l'autre.

Autour de ces deux idées se grouperont naturellement les différentes questions que nous devons examiner.

Dans une première partie et sous la rubrique « *De l'obligation de garantie* », nous étudierons les sources de cette obligation, les faits juridiques qui au cours de la législation romaine lui ont donné naissance, puis cet

(1) Loi 30, § 1, Dig., l. 19, t. 1.

exposé historique terminé, nous verrons la nature de l'obligation de garantie et son étendue.

Dans une deuxième partie nous ferons l'étude des actions en garantie.

Enfin nous terminerons par un appendice traitant de la cessation de la garantie.

PREMIÈRE PARTIE

DE L'OBLIGATION DE GARANTIE

Cette première partie, ainsi que nous l'avons annoncé, comprendra deux chapitres.

Le premier chapitre sera consacré à l'exposé historique des sources de la garantie.

Le deuxième chapitre sera consacré à la nature de la garantie et à son étendue.

CHAPITRE PREMIER

EXPOSÉ HISTORIQUE DES SOURCES DE L'OBLIGATION DE GARANTIE.

Les actes juridiques qui successivement ont donné naissance à l'obligation de garantie sont : la *mancipatio*, la *stipulatio* et la vente elle-même. Nous allons étudier chacun de ces faits juridiques dans trois sections distinctes.

SECTION I. — De la mancipatio.

Anciennement à Rome, la *mancipatio* et l'*in jure cessio* étaient les seuls modes de transfert de la propriété.

La *mancipatio* était une vente au comptant ; le lingot d'airain représentait un prix véritable ; le prix était payé immédiatement, en même temps que la mutation de propriété s'accomplissait.

Si l'acquéreur restait en possession de la chose vendue pendant le délai de l'usucapion, il n'avait plus rien à craindre ; mais si, avant l'expiration de ce délai, un véritable propriétaire se présentait et faisait reconnaître son droit, l'acheteur était exposé à perdre à la fois la chose et le prix.

Les inconvénients d'un pareil système furent bien vite aperçus. On obligea le vendeur à venir défendre l'acheteur dans le procès en revendication qui lui était intenté : c'est l'obligation d'*auctoritas*.

Le mot *auctoritas* vient d'*augere*, augmenter, compléter, parfaire, et par suite aider, assister.

L'*auctor* est celui qui assiste l'acquéreur dans le procès en revendication, qui doit combattre le prétendu droit du demandeur en faisant valoir un droit supérieur, inattaquable. L'*auctoritas* est cette assistance ; ce n'est ni le mode d'acquérir, ni l'obligation de garantie : c'est un simple fait, le fait de venir au procès en revendication et de soutenir l'acheteur.

Mais, avec le temps, le sens des mots a varié ; au lieu de désigner une idée concrète, ils ont eu une signification de plus en plus abstraite.

L'*auctoritas* devint alors l'obligation de fournir assistance, puis l'acte translatif de propriété à raison duquel cette obligation se produit, enfin toute acquisition de propriété, et même le droit de propriété.

On a comparé la situation de l'aliénateur à celle du tuteur ; ils prêtent en effet tous deux leur *auctoritas*, le premier à l'acquéreur, le second au pupille ; l'idée est la même et le même mot sert à l'exprimer.

Nous avons déjà indiqué une limite à cette obligation quant à sa durée. Quand l'usucapion est accomplie au profit de l'acheteur, celui-ci peut repousser sans aucun secours étranger l'action réelle intentée contre lui : le droit de propriété s'est consolidé en sa personne : il est propriétaire même si le mancipant n'avait pas cette qualité auparavant.

Par suite, quand le délai de l'usucapion est expiré, l'obligation d'*auctoritas* disparaît ; car si l'usucapion s'est produite, l'acheteur n'a plus besoin de l'aide du vendeur et si elle ne s'est pas produite par la faute de l'acquéreur, celui-ci n'a pas droit à la garantie.

Nous avons supposé jusqu'ici que le danger de l'éviction apparaissait après une *mancipatio*. On s'est demandé si l'obligation d'*auctoritas* pouvait naître également d'une *in jure cessio*. Ce doute est venu des expressions employées par Gaius (1). « Ce que vaut la *man-cipatio*, dit-il, l'*in jure cessio* le vaut aussi ».

Mais il est certain que l'auteur a voulu parler de la mutation de propriété : l'*in jure cessio* transfère la propriété des *res mancipi* comme la *mancipatio*. De plus Gaius ne parle nulle part de l'*auctoritas*; il n'a donc pas pensé à celle-ci dans notre texte. Enfin cette obligation n'est pas de la nature de l'*in jure cessio*; celle-ci ne comporte pas l'existence d'une obligation de garantie à la charge du vendeur : c'est un procès simulé ; la mutation de propriété est prononcée par le magistrat ; le vendeur ne joue qu'un rôle passif, *cedit*, il ne se défend pas. Si l'*auctoritas*, est une conséquence de la *mancipatio* seule, on peut se demander si elle en est une conséquence forcée ou seulement accidentelle.

A l'époque classique, la *mancipatio* n'est plus une vente au comptant, le lingot d'airain n'est plus qu'un simulacre et non le prix véritable. Pour que l'action au double que nous étudierons plus loin, *actio auctorita-tis* qui sanctionne l'obligation d'*auctoritas* prenne naissance, il faut que le prix soit payé et l'objet livré. Or ces deux conditions sont précisément les deux éléments caractéristiques de la vente au comptant et par suite de l'ancienne *mancipatio*, avant que la pesée du métal tienne lieu de paiement du prix et que la *traditio* se sépare de l'appréhension de la chose par l'acquéreur.

(1) Com. 2, n° 22.

Cependant quelques auteurs (1) ont cru que la *mancipatio*, à elle seule, ne suffisait pas pour faire naître
l'*auctoritas* et qu'il fallait adjoindre à cet acte une formalité spéciale, une *nuncupatio*. Cette opinion, admise
en Allemagne, s'appuie sur un principe, d'ailleurs reconnu exact, d'après lequel, dans les législations primi-
tives, l'acte juridique ne peut produire qu'un effet (2).
De plus, dans un passage du « *De officiis* », Cicéron
dit que le vendeur d'immeuble est quitte lorsqu'il a
fourni ce qu'il avait promis (*nuncupaverit*). Mais l'auteur fait ici allusion à la loi des XII Tables : *uti lingua
nuncupassit, ita jus esto*. De plus, il s'occupe dans ce
texte de la garantie des vices cachés de la chose, et non
de la garantie d'éviction.

Varron, dans son formulaire, dit qu'il faut une *stipulatio* spéciale pour la garantie des vices : il ne parle pas
de la garantie d'éviction.

Si une *nuncupatio* était nécessaire pour faire naître
l'*auctoritas*, il faudrait que, dans la *mancipatio*, l'acheteur prît la parole pour obliger le vendeur comme
garant ; or nous ne voyons rien de semblable.

Dans ses *Sentences* Paul énumère les conditions de
l'*auctoritas*, il cite le paiement du prix, la *mancipatio*
et la *traditio*. Il ne parle pas d'une *nuncupatio*.

(1) Voyez : Girard, l'*actio auctoritatis*, *Nouvelle revue historique*,
1882, p. 191 et suiv. ; Saglio et Daremberg, *Dictionnaire des Antiquités
grecques et romaines*, au mot éviction. *Contrà* : Maynz, t. II, p. 212 ;
Labbé, *De la garantie*, p. 7.
(2) V. sur ce point Ihering, *Esprit du droit romain*, t. IV, p. 176.

Pour une *res nec mancipi*, Varron indique une formule pour la garantie des vices et une pour la garantie d'éviction ; pour une *res mancipi*, il n'indique qu'une formule en vue de la garantie des vices. Quant au principe du vieux droit mis en avant par les auteurs allemands, nous verrons plus loin qu'il se concilie avec notre opinion de la façon la plus naturelle.

Ainsi l'obligation d'*auctoritas* dérive de plein droit de la *mancipatio* ; aucune convention ne peut réussir à l'écarter : c'est qu'en effet il n'est permis à personne de convenir de sa propre impunité dans le cas où il viendrait à commettre une faute. Or les Romains considéraient et à bon droit, croyons-nous, comme une faute, le fait de placer sous la garantie de l'État une vente qui n'était pas loyale, d'appeler les cinq témoins représentant le peuple à la célébration d'un transfert de propriété vicié dans son principe même, en d'autres termes l'*actio auctoritatis* était une action délictuelle.

De cette proposition, à savoir qu'on ne peut jamais par avance s'exonérer des suites de l'*actio auctoritatis*, nous pouvons donner deux preuves :

Dans la pièce intitulée *Persa*, Plaute nous présente un homme de mauvaise foi qui cherche à vendre une personne libre en la faisant passer pour esclave. Il ne veut pas être garant et, dans ce but, il prévient le futur acheteur qu'il ne lui fera pas de *mancipatio*. Ainsi, d'une part, cette dernière suffisait à faire naître l'obligation de garantie, et, d'autre part, si la *mancipatio*

avait lieu, aucune clause ne pouvait décharger le vendeur de cette obligation.

Une table de bronze découverte dans l'ancienne pro-
vince de Bétique en 1869 contient un formulaire de
mancipation fiduciaire. Le créancier gagiste se réserve
le droit de manciper la chose *nummo uno*, à défaut de
paiement à l'échéance. Or il est évident que ce créancier
vendra pour un prix sérieux ; mais il ne veut pas être
garant.

En indiquant comme prix dans la mancipation un
sesterce, il rend l'obligation de garantie illusoire, car,
en cas d'éviction, il ne devra à l'acheteur que le double
de ce prix, c'est-à-dire deux sesterces.

La *mancipatio nummo uno* était encore usitée quand
la mutation de propriété réalisait une donation ; il était
juste que le donateur ne fût pas garant.

SECTION II. — Stipulations de garantie.

L'obligation de garantie, telle que nous venons de
l'analyser sommairement dans le précédent chapitre,
s'est montrée à nous comme une obligation délictuelle.
Ce caractère, né de la grossièreté des idées juridiques à
cette époque primitive, va disparaître dans la période
dont nous allons maintenant nous occuper. Le contrat
de vente change aussi de forme ; emprisonné d'abord
dans la solennité de la *mancipatio*, il se conclut ensuite
au moyen de stipulations et enfin se dépouilla de toute

formalité pour devenir consensuel. Mais l'obligation de garantie ne subit pas des transformations aussi rapides.

Il est vraisemblable que la vente consensuelle existait déjà au temps de Plaute, mais sans engendrer d'obligation de garantie, ainsi qu'il résulte de la comédie intitulée *Persa* : la *mancipatio* seule engendrait la garantie.

A l'époque de Varron, il semble que la situation n'ait pas changé. Cet auteur recommande la stipulation relative aux vices pour toutes sortes d'objets, même pour les choses *mancipi* (nous savons que l'*actio auctoritatis* ne visait que la garantie d'éviction), et la *stipulatio rem habere licere*, relative à l'éviction, pour les choses *nec mancipi* ; car, pour ces choses, il ne pouvait y avoir d'*actio auctoritatis*. Tout cela prouve qu'à ce moment la vente consensuelle n'engendrait pas, par elle-même, d'obligation de garantie ; celle-ci résultait soit de la *mancipatio*, soit des stipulations dont nous allons parler.

L'obligation d'*auctoritas* n'avait que des applications restreintes, comme la *mancipatio* qui lui donnait naissance. La *mancipatio* ne pouvait intervenir que pour des choses *mancipi*, des fonds romains et entre un vendeur et un acheteur citoyens romains ou ayant le *commercium* : l'acheteur n'avait donc de recours que si toutes ces conditions se trouvaient réunies.

Cette obligation n'embrassait pas la garantie des vices. De plus, l'acquéreur pouvait douter de la solvabilité du vendeur et désirer une caution. Il fallait un contrat distinct pour remédier à ces inconvénients.

Il y eut trois variétés de promesses de garantie :

Une stipulation de peine en vue de l'éviction, cette
peine était en général du double ;

La stipulation *habere licere* ;

Et peut-être la promesse *secundum mancipium*.

Chacune de ces trois sortes de contrats sera étudiée
dans un paragraphe distinct de ce chapitre.

§ I. — Promesse secundum mancipium.

L'existence de ce contrat a soulevé des doutes ; elle
est néanmoins probable dans l'état actuel des textes.

Il s'appelle tantôt *repromissio secundum mancipium*,
tantôt *satisdatio secundum mancipium*. Dans le premier
cas, le vendeur promet la garantie qui résulte de la
mancipatio ; la *satisdatio* est la même promesse garantie par des cautions.

Le débiteur s'engageait à payer le double du prix au
créancier, si celui-ci n'était pas utilement assisté contre les réclamations judiciaires des tiers. L'effet de cette
promesse était le même que celui de la *mancipatio* ;
mais il était contractuel au lieu d'être délictuel.

Par la *satisdatio secundum mancipium*, on pouvait
cautionner l'obligation de l'aliénateur ; l'acquéreur pouvait ainsi exiger une sûreté supplémentaire, si la solvabilité de son auteur lui paraissait suspecte.

De plus, par la *repromissio* ou la *satisdatio* on remplaçait, quant à la garantie, l'avantage résultant de la *mancipatio*. La *mancipatio nummo uno*, a-t-on dit fort heureusement, permet de manciper sans être *auctor* ; la *repromissio secundum mancipium* permet d'être *auctor* sans manciper.

Au sujet de la forme de ces contrats, on en est réduit aux hypothèses ; car les textes ne nous fournissent guère de renseignements sur ce point. Il est probable que l'aliénateur promettait par contrat verbal ce à quoi il eût été tenu s'il avait fait *mancipatio*; c'était la *repromissio*.

Quant à la *satisdatio*, une légère distinction est nécessaire. Avant la création de la *fidejussio*, la *sponsio* et la *fidepromissio* ne permettaient de cautionner que des obligations verbales : or l'obligation d'*auctoritas* n'était pas née *verbis*. Mais la difficulté pouvait être aisément écartée.

On faisait une novation *inter easdem personas* : l'aliénateur promettait par contrat verbal ce à quoi il était tenu *ex mancipio* et le cautionnement pouvait alors s'accomplir au moyen d'une *sponsio* ou d'une *fidepromissio*. Si l'aliénateur s'était déjà engagé par la *repromissio secundum mancipium*, aucune novation n'était nécessaire pour que le cautionnement pût avoir lieu dans cette forme antique.

Plus tard, la *fidejussio* fit disparaître ces détours ; les cautions purent s'engager avec l'aliénateur ou sans lui.

On a voulu, mais sans preuve, rattacher ces contrats au *vadimonium* ; nous écartons cette hypothèse.

§ 2. — Stipulatio rem habere licere.

Les renseignements fournis par les textes sont ici plus complets. Les écrits des jurisconsultes désignent cette promesse, tantôt sous son véritable nom de *stipulatio rem habere licere*, tantôt sous le nom de *stipulatio simplæ*. Cette dernière appellation tend à l'opposer à la *stipulatio duplæ*, dont nous parlerons plus loin ; mais elle n'est pas exacte et pourrait induire en erreur, car, si la *stipulatio duplæ* a pour objet le double du prix, l'objet de la *stipulatio habere licere* n'est pas ce prix lui-même : il n'y a donc pas analogie entre le montant des deux condamnations.

La garantie de l'*auctoritas* était spéciale aux *res mancipi*, comme la *mancipatio* ; la *traditio*, mode de transfert des *res nec mancipi*, ne faisait pas naître d'obligation de garantie : on eut alors recours à la *stipulatio* que nous étudions.

Varron donne la formule de cette *stipulatio* (1).

Des auteurs ont pensé que c'était la forme revêtue par la vente avant que celle-ci ne fût un contrat consensuel. Les mots *habere licere* auraient eu en vue non seulement de garantir la possession à l'acheteur, mais aussi de la lui faire obtenir : la garantie et la délivrance auraient été réunies dans la même promesse.

Cela n'est pas vraisemblable. Pourquoi ces deux

(1) *De re rustica*, liv. 2, tit. 2, n° 5.

objets se seraient-ils trouvés plus tard séparés dans la vente consensuelle? — Dans Varron, ce contrat n'est qu'une promesse de garantie.

Le vendeur promet à l'acheteur de lui permettre d'avoir la chose, en fait : c'est une simple possession et non la propriété que la *stipulatio* garantit.

De ce contrat naît une *actio ex stipulatu* dont nous étudierons plus loin les conditions d'exercice.

La *stipulatio* avait en vue à la fois les vices et l'éviction.

§ 3. — Stipulatio duplæ.

Par la *stipulatio duplæ*, l'acheteur se fait promettre, en vue d'une éviction possible, le double du prix de vente.

Les textes abondent sur ce sujet au Digeste et au Code et ils ont été confirmés par quatre actes de vente qui font partie de la collection de titres de l'époque impériale retrouvés depuis la fin du dernier siècle dans des mines de Transylvanie. Chacun de ces quatre actes contient la mention d'une *stipulatio duplæ* rédigée évidemment d'après un formulaire venu de Rome. Cette *stipulatio* était une *stipulatio pœnæ*.

Pour la stipulation pénale, tantôt le créancier stipule d'abord l'objet véritable du contrat, puis fait une seconde *stipulatio* ayant pour objet la *pœna* (la seconde *stipulatio* est alors conditionnelle), tantôt, on ne fait qu'une *stipulatio* et celle-ci a pour objet la *pœna* : « si

tu ne me donnes pas tel esclave, promets-tu 100 ? »
Cujas, dans le rétablissement de la *stipulatio duplæ*,
imaginait deux stipulations successives. Mais la forme
véritable de la *stipulatio duplæ* est la seconde : l'objet
de la *stipulatio* était unique, c'était le *duplum*.

Voici la formule de cette *stipulatio* : « *Si quis eam
rem evicerit quominus rem emptori habere recte liceat
quanti ea empta est tantam pæcuniam duplam probam
recte dari spondesne ?* »

Il y avait lieu souvent d'ajouter des mentions accessoires. On insérait une clause qui ouvrait l'action en
garantie au profit de l'ayant cause à titre particulier de
l'acheteur ; sinon ce dernier seul et son héritier en eus-
sent bénéficié. Une autre clause permettait d'agir en cas
d'éviction partielle et non seulement en cas d'éviction
totale.

Il y avait des variantes, des mots inutiles. En Transylvanie on ne disait pas *spondes*, mais *fide-rogas*.

Cette stipulation concernait à la fois les vices et l'é-
viction, comme la *stipulatio rem habere licere*, à l'inverse des obligations découlant de la *mancipatio* ou de
la promesse *secundum mancipium*. Mais, tandis que la
promesse relative à l'éviction était certaine (elle avait
pour objet le *duplum*), la promesse relative aux vices
était incertaine.

La *stipulatio duplæ* n'obligeait pas le vendeur à venir
défendre l'acheteur. Cette *stipulatio* a été imitée de
l'*actio auctoritatis.*

On a pensé qu'elle avait été créée à propos des ventes d'esclaves. Nous dirons plus loin comment les marchands d'esclaves avaient été obligés de s'engager au double, en vertu de l'édit des édiles ; ces marchands étaient peu recommandables et de nationalité douteuse : la *mancipatio* à leur égard, eût été inutile, s'ils n'étaient pas citoyens romains.

Notre promesse s'est développée dans les ventes ordinaires à mesure que la *mancipatio* tombait en désuétude. Elle ne visait primitivement que les vices ; plus tard elle s'étendit à l'éviction.

Elle n'a pas fait disparaître la *stipulatio habere licere* : celle-ci fut d'abord usitée en vue de l'éviction dans les cas où la *mancipatio* était impossible ; plus tard, pendant un certain temps, on ne pensa à stipuler le double que pour les *res mancipi*, choses pour lesquelles l'ancienne *auctoritas* donnait droit au double. Puis la *stipulatio habere licere* fut absorbée par la vente consensuelle et disparut.

Le montant de la *stipulatio duplæ* était ordinairement le double du prix : mais ce n'était pas une règle absolue : il pouvait être le simple, le triple ou le quadruple. Il y a des cas de *stipulatio simpla* dans les tables de Transylvanie. Nous n'avons pas d'exemple de promesse au triple ou au quadruple ; il y est fait allusion dans la l. 56, pr., liv. 21, tit. 2, *de evictionibus* au Digeste. L'objet de la promesse pouvait être aussi le *quanti interest* ; mais aucun texte n'en donne d'exemple.

La clause qui prévoyait l'éviction partielle disait que l'on devait doubler « ce que vaudrait la partie de la chose dont l'acheteur serait évincé » : on ne doublait pas le prix total.

SECTION III. — De la vente considérée comme source de l'obligation de garantie.

Primitivement la garantie résultait seulement de la *mancipatio* ou des stipulations que nous venons de décrire ; la vente consensuelle n'engendrait par elle-même aucune obligation de garantie. Cette obligation était indépendante du contrat de vente ; c'était à l'acheteur à user de prudence : il devait exiger de son co-contractant qu'il lui consentît une *mancipatio* ou qu'il répondît à une *stipulatio* spéciale, sinon l'éviction le trouvait désarmé.

Le progrès a consisté à rattacher la garantie à la vente ; cette évolution ne s'est pas faite brusquement, mais au contraire d'une façon lente, au moyen de détours imaginés par les jurisconsultes (1).

Les textes nous en montrent trois phases.

Dans la première, l'acheteur puise dans la vente le droit d'exiger l'accomplissement d'un des actes générateurs de la garantie : *mancipatio* ou *stipulatio*.

Puis on sous-entendit ces deux actes, *stipulatio* ou même *mancipatio* ; on les réputa faits.

(1) V. Girard, « La garantie dans la vente consensuelle », *Nouv. rev. hist.*, 1884, p. 395 et suiv.

Enfin l'acheteur eut l'action *empti* en garantie dans des hypothèses où ni la *mancipatio*, ni la *stipulatio* n'auraient donné de recours contre le vendeur.

I

A l'époque classique, l'acheteur eut le droit d'exiger du vendeur que celui-ci lui fît *mancipatio*, quand il s'agissait de choses *mancipi* ; du moins cela est à peu près certain. *Sentences* de Paul, I, 13 a, § 4 : s'il n'est fait ni *traditio* ni *mancipatio* de l'objet acheté, le vendeur peut être forcé à faire *traditio* ou *mancipatio*.

Nous appuyons notre assertion sur quelques textes du Digeste manifestement interpolés.

Tel est un texte d'Ulpien (1) : « *Et in primis ipsam rem præstare venditorem oportet, id est tradere: quæ res si quidem dominus fuit venditor, facit et emptorem dominum, si non fuit tantum evictionis nomine venditorem obligat si modo pretium est numeratum, aut eo nomine satisfactum* ».

Il est à peu près certain qu'Ulpien n'avait pas dit: *id est tradere*; mais bien *mancipare* ou encore *mancipare aut tradere*. Car un jurisconsulte n'aurait pas dit que la *traditio* rend l'acheteur *dominus* ou fait naître à son profit une obligation de garantie ; jamais la *traditio* n'a engendré une telle obligation. Ainsi l'acquéreur avait droit à une *mancipatio* ; c'était en vue de l'*auctoritas* ;

---

(1) Loi 11, § 2, D. *De actionibus empti et venditi*, liv. 19, t. 1.

aussi l'aliénateur ne pouvait-il avoir recours ni à l'*in jure cessio*, ni à la *mancipatio nummo uno*.

Au lieu de voir dans cette obligation de manciper un moyen d'obtenir la garantie, on peut y voir un moyen d'avoir une délivrance complète. Ulpien parait faire découler cette obligation de celle de délivrance, car il commence par dire : « *ipsam rem præstare oportet* ». Dans ce système, l'obligation de manciper a pu exister avant que la vente fût un contrat de bonne foi ; elle serait ainsi plus ancienne que si l'on adoptait l'autre opinion. Il est possible en effet que la vente ait été consensuelle avant d'être de bonne foi.

Mais la *mancipatio* ne pouvait avoir lieu que dans un nombre de cas assez restreint : elle était hors de cause si les contractants n'étaient pas romains ou si l'objet de la vente n'était pas une chose romaine ou *mancipi*. Dans tous ces cas, l'acheteur put exiger une *stipulatio* en vue de la garantie.

II

Il est probable que ce fut l'édit des édiles qui prescrivit d'abord l'accomplissement de la *stipulatio* dans les ventes d'esclaves. La compétence de ces magistrats était limitée à la police des marchés et de la voirie et leur édit eut d'abord des applications restreintes.

Les dispositions dont nous allons nous occuper avaient évidemment pour but de réprimer des fraudes qui se commettaient journellement : ce sont des mesures de police.

L'édit prescrivait, dans les ventes des marchés, de déclarer toujours les vices cachés, et en outre, dans les ventes d'esclaves, de faire une promesse du double. C'est la *stipulatio duplæ* que nous connaissons : elle contient une promesse quant aux vices et une autre en vue de l'éviction ; la première est incertaine, la seconde est conditionnelle, mais elle a un objet fixe, le double du prix.

Il y a lieu d'insister sur cette identité, qui, d'après nous, est évidente, entre la *stipulatio duplæ* ordinaire et celle du droit édilitien, car beaucoup d'auteurs se refusent à admettre que les deux promesses soient les mêmes.

Les uns disent que la *stipulatio* édilitienne n'avait pour objet que les vices ; les autres disent qu'il y avait deux promesses du double, l'une relative aux vices et l'autre à l'éviction, puis l'on discute sur la question de savoir ce qui était doublé : le préjudice subi, ou le prix, ou une partie du prix proportionnelle à l'importance du vice non déclaré.

Mais ces opinions diverses ne reposent sur aucune base sérieuse ; elles sont contredites par ce fait que les Romains ne distinguaient pas entre la *stipulatio duplæ* ordinaire et celle du droit des édiles : les deux promesses ont toujours en vue à la fois les vices et l'éviction : c'est la réunion des deux mêmes objets que nous avons déjà constatée dans la *stipulatio habere licere*.

La *stipulatio duplæ* existait avant que les édiles n'en

fissent l'usage particulier que nous étudions en ce moment ; leur innovation a consisté à rendre cette *stipulatio* obligatoire pour les marchands d'esclaves : cette
vente de la marchandise humaine engendra de plein
droit à la charge du vendeur l'obligation de répondre à
la *stipulatio duplæ*, alors qu'aucune autre vente ne créait
une pareille obligation.

Il est juste d'observer que cette obligation n'existait
pas quand le vendeur s'était déchargé de toute garantie
d'éviction par une déclaration formelle : le prix avait
alors été convenu en conséquence et l'acheteur évincé
ne pouvait se plaindre.

On peut se demander pourquoi les édiles ont entouré
la vente des esclaves de garanties particulières, alors
que les vendeurs d'autres *res mancipi* devaient simplement déclarer l'absence des vices. La raison est facile à
trouver si l'on ne perd pas de vue cette idée que ces magistrats avaient pour mission de veiller à la police des
marchés ; ce caractère spécial les conduisait naturellement à réprimer autant que possible les fraudes dont les
marchands pouvaient se rendre coupables : aussi ont-ils
eu en vue, en accomplissant leur réforme, non pas l'interprétation des conventions, mais la répression des
abus.

C'est que les marchands d'esclaves étaient des gens
fort peu recommandables. Exiger d'eux qu'ils fissent
mancipatio de leur marchandise eût été inutile ; ils
venaient des pays les plus divers, aussi la *mancipatio*

qu'ils auraient probablement consentie avec empresse-
ment, eût été presque toujours nulle et n'eût produit à
leur encontre aucune obligation de garantie, car ils n'é-
taient ordinairement pas citoyens romains.

Ces considérations nous conduisent à admettre que,
rationnellement, cette réforme a pu se produire avant
l'apparition de la vente consensuelle. Mais le premier
témoignage certain nous est fourni par Cicéron dans son
De officiis et à cette époque la vente est devenue consensuelle. Il est possible que Plaute en fasse mention ; mais
rien n'est moins certain.

III

L'innovation des édiles appelait une nouvelle réforme,
celle-ci consistant à donner à tout acheteur les sûretés
dont bénéficiait seul l'acheteur d'esclaves. C'est ce qui
ne tarda pas à être réalisé, du moins en partie ; car si
tout acheteur put exiger une promesse de garantie,
celle-ci ne fut pas toujours la *stipulatio duplœ* : la promesse qui devint habituellement obligatoire fut la *stipulatio rem habere licere*.

L'idée de bonne foi fut le prétexte sur lequel les jurisconsultes se basèrent pour faire admettre cette réforme.

Il était d'usage que le vendeur répondît à la *stipulatio*
de garantie ; par suite, l'acheteur était en droit de compter sur cette sûreté ; aussi était-il contraire à la bonne
foi que le vendeur se refusât à faire la promesse, à moins

qu'il n'y eût eu une clause formelle insérée dans le contrat de vente.

Plusieurs textes portent que la *stipulatio duplæ* ne pouvait être exigée que pour certaines marchandises, dans certaines ventes, et dans certains pays seulement. Mais, cela ne veut pas dire que, dans les autres ventes, l'acheteur se trouvait désarmé.

Nous voyons souvent, au contraire, le vendeur obligé de faire une promesse relative à l'éviction, sans qu'il soit fait mention de telle ou telle promesse. Il en est ainsi dans la l. 1. pr., D., *de rerum permutatione*, 19, 4 : « *Venditori sufficit ob evictionem se obligare, possessionem tradere et purgari dolo malo* ».

Il semble que la *mancipatio*, bien qu'elle engendrât l'obligation d'*auctoritas*, ne dispensait pas le vendeur de s'engager en vue de l'éviction ; cette obligation nouvelle a même été admise dans des contrats autres que la vente, le partage judiciaire, par exemple.

Ainsi le vendeur est toujours obligé de promettre en vue de l'éviction ; mais non pas toujours de promettre le double.

La promesse de droit commun, obligatoire en principe, est la *stipulatio habere licere*. D'après Nératius (1), on a l'action *ex empto* pour obtenir la stipulation *habere licere*.

Par exception dans quelques ventes, on pouvait demander la *stipulatio duplæ*.

_____

(1) L. 11, § 8. D., *de actionibus empti et venditi*. liv. 19, tit. 1.

M. Lenel a prétendu que cette promesse, qui constituait un avantage exceptionnel pour l'acquéreur, n'était pas la *stipulatio duplæ*, mais la *satisdatio secundum mancipium*.

A l'appui de cette affirmation, il fait valoir deux raisons. La *stipulatio duplæ* était déjà exigée par les édiles et une nouvelle exigence aurait, d'après lui, constitué une répétition. De plus Pomponius s'exprime ainsi (1) : « *Dupla stipulatio venit ab judice aut ab ædilis edicto* ». D'après ce texte, dit M. Lenel, la *stipulatio duplæ* ne vient que de l'édit des édiles ; et nous sommes en contradiction formelle avec Pomponius.

La première raison ne permettrait pas à elle seule de repousser notre opinion : la répétition signalée par notre contradicteur est très vraisemblable ; qui ne sait en effet que l'édit était sans cesse remanié suivant les exigences de la pratique ou les idées d'un magistrat nouvellement entré en fonctions ? Il y a d'ailleurs d'autres exemples de répétitions.

De plus l'édit du préteur et celui des édiles, quoique réunis dans l'édit perpétuel, paraissent avoir conservé leur individualité distincte.

Le deuxième motif serait le plus sérieux s'il ne reposait sur une erreur dans la façon d'entendre le fragment de Pomponius. D'après cet auteur, la stipulation est ordonnée tantôt par le juge, tantôt par l'édit des édiles ; mais en vertu de quoi est-elle ordonnée par le juge ?

---

(1) L. 5, pr., D., *de verb. obligat.*, liv. 41, tit. 1.

Précisément en vertu de l'édit du préteur : celui-ci en donne la formule dans son édit et prescrit au juge de l'ordonner si la bonne foi l'exige, d'après les circonstances. Les deux édits contiennent la *stipulatio duplæ* ; mais tandis que les édiles en ordonnent l'accomplissement dans des circonstances bien déterminées, la vente d'un esclave, le préteur se borne à en donner la formule ; il la met à la disposition des parties et prescrit au juge de l'ordonner s'il y a lieu. Le préteur ne pouvait l'ordonner directement et dans tous les cas, car cette exigence eût été dans quelques circonstances contraire à la bonne foi. La différence entre les édits vient de cette idée que nous avons déjà mise en lumière à propos de la réforme édilitienne : tandis que les édiles n'ont eu en vue que la répression des fraudes, le préteur s'est proposé un but plus élevé, l'interprétation des conventions.

Ainsi l'opinion isolée de M. Lenel doit être écartée : sa proposition ne repose sur rien et les raisons par lesquelles il combat la doctrine généralement admise ne sont pas valables.

La *stipulatio duplæ* n'est exigible que dans certains pays, pour les ventes volontaires, et seulement pour les choses précieuses, ainsi qu'il résulte de deux textes d'Ulpien (1).

Il est probable que cette *stipulatio* n'a d'abord été exigée que pour les *res mancipi* quand on ne faisait pas

---

(1) L. 19, D., *fam. ercisc.*, liv. 10, t. 2, et l. 37, § 1, D., *de ecictionibus*, liv. 21, t. 2.

mancipatio, puis pour les *res nec mancipi* les plus précieuses, et enfin pour les *res mancipi* même quand la *mancipatio* avait lieu : ce dernier résultat a dû certainement hâter la disparition de la *mancipatio*.

Quand l'habitude de la *stipulatio duplæ* fut entrée dans les mœurs juridiques, on admit que, par l'effet seul du contrat de vente, naissait au profit de l'acheteur le droit de demander suivant les cas la *stipulatio duplæ* ou la promesse *habere licere*.

Ce droit a été reconnu dès l'époque de Trajan pour la *stipulatio habere licere*, ainsi que l'atteste Nératius dans la loi 11, § 8, D., *de actionibus empti et venditi*, 19, 1, et pour la *stipulatio duplæ* seulement depuis les Sévère, comme l'attestent Paul, Ulpien et Papinien. Mais il est probable que ces jurisconsultes ne font que constater un droit préexistant.

IV

Nous croyons que l'acheteur a pu forcer le vendeur à s'obliger à la garantie par la *mancipatio* ou les stipulations de garantie avant d'avoir le droit d'obtenir directement une indemnité en cas d'éviction.

Nous avons déjà vu qu'en vertu de l'édit des édiles, l'acheteur d'esclaves pouvait exiger la *stipulatio* en vue de l'éviction, mais non une indemnité après l'éviction ; il est probable que, à l'égard des vices cachés, la *stipulatio* put être exigée avant que l'on ne permît à l'acquéreur de demander des dommages-intérêts pour la dépréciation résultant de la découverte des vices.

Ainsi, à cette époque, la garantie ne naissait pas directement de la vente : celle-ci engendrait seulement contre le vendeur l'obligation de s'engager en vue de la garantie : celle-ci ne venait toujours que des stipulations ou de la *mancipatio*, c'est-à-dire d'un contrat distinct de la vente. Il restait donc un progrès à accomplir : il fallait que l'obligation de garantie dérivât directement de la vente.

Le droit des édiles est toujours resté au point où nous l'avons laissé : l'acheteur pouvait exiger la *stipulatio duplæ* ; mais l'éviction le trouvait désarmé s'il n'avait pas exigé cette *stipulatio* auparavant.

Le droit civil au contraire a continué sa marche en avant.

Il y a des textes qui indiquent comme objet de la créance de garantie non pas l'indemnité due à raison de l'éviction, mais la promesse de cette indemnité avant l'éviction : c'est une réminiscence de l'état de choses ancien modifié comme nous allons le voir.

Tout d'abord on a considéré comme faite la promesse qui aurait pu être exigée.

C'était un détour, comme la législation romaine en présente tant d'exemples. Mais il y a des auteurs qui n'admettent pas cette manière de voir.

Il ne peut cependant y avoir de doute pour la *stipulatio habere licere*, car les textes mentionnent expressément parmi les obligations du vendeur celle de *rem habere licere* ou *præstare*. Il en est ainsi dans une loi

d'Africain (1): « *Verum est venditorem hactenus teneri ut rem emptori habere liceat, non etiam ut ejus
faciat* ». C'est la définition de l'obligation du vendeur :
elle consiste à *rem emptori habere licere* et non à répondre à la stipulation *habere licere*.

Quant à la *stipulatio duplæ*, des auteurs prétendent
que jamais elle n'a été sous-entendue. Cette opinion,
émise par Cujas, est aujourd'hui abandonnée en France ;
elle a des partisans en Allemagne, MM. Bechmann et
Muller notamment. Ils s'appuient sur quelques textes
du Digeste desquels il semble résulter que la promesse
du double était encore utile au temps de Justinien ; or
elle aurait été inutile si on l'avait sous-entendue. C'est
un phénomène de survivance, objecte-t-on ; mais cela
n'est pas vraisemblable si cette *stipulatio* était inutile
dès l'époque classique.

Cependant la solution contraire, adoptée par la majorité des auteurs, semble la plus naturelle.

Le progrès que nous voulons mettre en lumière n'a
pas dû être difficile à accomplir. On a tenu pour accomplie une stipulation qui était obligatoire. Cela s'est produit en matière de stipulations prétoriennes pour les
cautions dues par le quasi-usufruitier et l'adrogeant.
Notre opinion est d'ailleurs confirmée par les textes.

Sentences de Paul (2) : « *Si res simpliciter traditæ
evincantur, tanto venditor emptori condemnandus est*

---

(1) L. 30, § 1, D., *de actionibus empti et venditi*, liv. 19, t. 1.
(2) II, 17, § 2.

quanto si stipulatione pro evictione cavisset ». Ainsi, après l'éviction, les droits de l'acheteur sont les mêmes, qu'il y ait eu une *stipulatio*, ou qu'il n'y en ait pas eu. Ce texte peut s'appliquer aussi bien à la *stipulatio duplæ* qu'à la *stipulatio habere licere*.

Dans la l. 37, § 2, D., *de evictionibus*, 21, 2, Ulpien cite l'opinion de Nératius d'après laquelle l'acheteur qui a stipulé, par erreur, le simple au lieu du double, peut exiger un supplément de promesse, ou, si l'éviction s'est produite, le double au lieu du simple.

Ces deux textes ne peuvent laisser subsister de doute : la vente engendrait alors de plein droit l'obligation de garantie ; suivant les cas, on sous-entendait soit la *stipulatio duplæ*, soit la *stipulatio habere licere*.

Mais le progrès ne s'est pas accompli en même temps pour les deux promesses. Au temps de Javolenus, sous Trajan, la *stipulatio habere licere* pouvait déjà être sous-entendue (1) ; la deuxième ne put être sous-entendue que sous Sévère.

V

Les applications de la garantie en droit français sont beaucoup plus nombreuses qu'elles ne l'ont jamais été en droit romain ; cependant elles se multiplièrent beaucoup dans le dernier état de ce droit. Nous les étudierons en cherchant les applications de l'action *empti* en garantie.

(1) L. 60, D., *de evictionibus*, liv. 21, t. 2.

3

CHAPITRE II

SECTION I. — De la nature de la garantie.

Nous nous proposons d'étudier la nature de la garantie à deux points de vue. D'une part nous verrons si l'obligation de garantie est divisible ou indivisible, d'autre part si elle est contractuelle ou délictuelle.

§ 1. — La garantie est-elle divisible ou indivisible ?

La question se pose non seulement en ce qui concerne l'obligation de garantie, mais encore en ce qui concerne l'exception de garantie. Pour la bien comprendre il faut nous placer en face des deux hypothèses suivantes.

1re HYPOTHÈSE. — *Primus* vend à *Secundus* la chose d'autrui, puis meurt laissant deux héritiers *Tertius* et *Quartus*; l'acheteur menacé d'éviction par la *reivindicatio* du vrai propriétaire intente l'action en garantie contre les héritiers de son auteur. L'un seul de ces deux héritiers se présente au procès pour défendre l'acheteur, doit-il maintenir l'acheteur en possession de la chose, pour le tout ou seulement pour moitié? Cela dépendra du point de savoir si l'obligation de défendre l'acheteur est indivisible ou non.

2ᵉ HYPOTHÈSE. — *Primus* vend à *Secundus* un immeuble appartenant à l'un de ses deux héritiers *Tertius* et
Quartus, à *Tertius* par exemple. A la mort de son auteur,
lorsque *Tertius* revendiquera l'immeuble ainsi vendu,
l'acheteur pourra-t-il lui opposer l'exception de garantie
pour le tout ou simplement pour moitié ? La réponse dépendra également du point de savoir si l'exception de
garantie est divisible ou indivisible.

Or la question de la divisibilité ou de l'indivisibilité
de la garantie a donné lieu à de sérieuses discussions.

La doctrine généralement enseignée, admise par Dumoulin (1) et Pothier (2), est que l'obligation de défendre
l'acheteur sanctionnée par l'action en garantie serait indivisible tandis que l'exception de garantie serait au contraire divisible. Voici comment Pothier explique ces différences de solutions :

En ce qui concerne l'obligation de défendre l'acheteur
contre la revendication du propriétaire, il est juste, que
cette obligation soit indivisible pour les héritiers du
vendeur. En effet, lorsque l'acheteur appelle ainsi les
héritiers du vendeur en garantie, il exerce une action ;
or cette action est un fait et tout fait est indivisible.

De plus et surtout s'il est bien vrai qu'en principe
l'obligation pour les héritiers du vendeur de défendre
l'acheteur n'est pas indivisible *naturâ*, en ce sens que
chaque héritier peut le défendre pour moitié, peut le

---

(1) Dumoulin, *Tractatus de div. et individ.*, pars II, nˢ 487 et suiv.
(2) Pothier, *De la vente*, édit. Bugnel, nˢ 103 et 174.

maintenir pour moitié en possession du fonds, du moins cette obligation est-elle indivisible *contractu*, c'est-à-dire au point de vue du contrat et suivant l'intention des parties. Et en effet lorsque *Primus* dans l'espèce a vendu un immeuble à *Secundus*, il a bien entendu assurer à celui-ci la possession de toute la chose. Ses héritiers succèdent à cette obligation qui ne saurait se diviser sans porter atteinte à l'intention des parties et au droit de l'acheteur.

En ce qui concerne l'exception de garantie relativement aux héritiers d'un unique vendeur on prétend qu'elle est divisible et pour le prouver on fait le raisonnement suivant. Si le vendeur après avoir vendu la chose appartenant à l'un de ses héritiers n'en avait pas fait livraison, l'obligation de livrer qui est essentiellement divisible ne serait tombée que pour moitié à la charge de chaque héritier. La garantie qui a justement pour but de maintenir la livraison doit être divisible comme cette livraison elle-même, l'exception de garantie pourra donc être opposée pour moitié à l'acheteur par chaque héritier du vendeur. On ajoute, mais à tort suivant nous, que les obligations et créances du *de cujus* se partagent de plein droit entre ses héritiers.

Nous avons fait justice de cet argument en étudiant la nature indivisible de l'obligation pour les héritiers du vendeur de défendre la possession de l'acheteur sur l'action en garantie. Si cette obligation, avons-nous dit, est divisible en droit, elle ne l'est pas en fait à raison de l'intention des parties ; il en est de même de l'exception de garantie qui selon nous devrait être indivisible comme l'obligation de garantie.

Après avoir étudié la question au point de vue de la doctrine il importe de nous demander quelles étaient les solutions du droit romain ; or, comme nous allons le voir, les textes admettent que l'obligation de garantie est indivisible et que l'exception de garantie est divisible.

Occupons-nous d'abord de l'obligation de garantie. Les textes distinguent nettement deux éléments dans l'obligation de garantie : d'abord l'obligation pour les héritiers du vendeur de défendre l'acheteur sur l'action en garantie intentée par celui-ci contre eux. Puis au cas où l'acheteur est évincé, l'obligation pour ces mêmes héritiers du vendeur d'indemniser l'acheteur du préjudice causé, en d'autres termes l'obligation de garantie se décompose en deux obligations distinctes : celle de prendre fait et cause pour l'acheteur vis-à-vis du vrai propriétaire, et celle de l'indemniser en cas d'éviction. Or si la première est indivisible, la seconde restera parfaitement divisible étant une simple obligation de *dare*.

Pour reprendre notre exemple cité plus haut, si *Primus* vend à *Secundus* l'immeuble d'autrui puis meurt laissant deux héritiers *Tertius* et *Quartus*, lorsque l'acheteur menacé d'éviction intentera contre *Tertius* et *Quartus* l'action en garantie, *Tertius* se présentant seul sera cependant obligé d'assurer à l'acheteur la paisible possession de toute la chose ; mais si l'acheteur est définitivement évincé et qu'il réclame des dommages-intérêts aux héritiers de son vendeur, *Tertius* et *Quartus* n'en seront tenus que pour moitié.

Tels sont les principes relativement à l'obligation de garantie et voici les textes qui en font foi.

1° Un premier texte suppose que plusieurs vendeurs ont vendu la même chose avec assignation de parts. Si, relativement à la part de l'un d'eux, l'acheteur est évincé, il aura le recours en garantie contre le vendeur de la part revendiquée et non contre les autres. De ce texte et par argument *à contrario* on déduit que si dans l'espèce la vente avait été faite sans assignation de parts, chaque vendeur aurait été tenu de garantir à l'acheteur la possession de tout l'immeuble vendu (1).

2° Un second texte se place dans l'hypothèse plus ordinaire de plusieurs héritiers d'un vendeur unique et distingue nettement entre l'obligation pour les héritiers du vendeur de défendre à l'action en garantie et l'obligation d'indemniser l'acheteur en cas d'éviction (2).

« *In solidum agi oportet et partis solutio adfert liberationem : Cum ex causa evictionis intendimus, nam auctoris heredes in solidum denonciandi sunt, omnesque debent subsistere et quolibet defugiente omnes tenebuntur sed unicuique pro parte hereditaria præstatio injungitur* ».

(1) Loi 30, § 2, *De evictio.* liv. 21, t. 2.
(2) Loi 85, § 5, D., liv. 45, t. 1.

Lorsque l'acheteur est inquiété par le vrai propriétaire, il doit dénoncer le trouble à tous les héritiers du vendeur. Tous doivent prendre fait et cause pour lui et si l'un d'eux ne comparaît pas, les autres répondent pour le tout de la paisible possession de l'acheteur.

C'est en ce sens que l'obligation de garantie est indivisible, mais dans le cas où l'éviction aurait eu lieu, alors l'obligation de défendre l'acheteur se transforme en une obligation de payer des dommages-intérêts qui est divisible et dont chaque héritier est tenu pour sa part et portion « *omnes debent subsistere sed (quolibet defugiente) unicuique pro parte hereditaria prœstatio injungitur* ».

Enfin la loi 62, § 1, *De eviction.* (1), confirmant ces solutions par des déclarations de principe, nous dit que l'obligation de garantie est une, indivisible « *una de evictione obligatio est* », que tous les héritiers du même vendeur doivent être dûment avertis du trouble et que tous doivent prendre fait et cause pour l'acheteur « *omnibus denunciari et omnes defendere debent* », que si l'un seul des héritiers comparaît il représente les autres qui se trouvent engagés comme lui « *omnibus vincit aut vincitur* ».

Rien n'est plus clair et nous concluons avec les textes à l'indivisibilité de l'obligation de garantie en ce qui concerne du moins l'obligation de défendre à l'action en garantie.

(1) Liv. 21, t. 2.

Occupons-nous maintenant de l'exception de garantie. En ce qui la concerne les textes admettent très affirmativement que cette exception est divisible.

Voici deux constitutions au Code qui sur ce point ne peuvent laisser aucun doute.

1° La première constitution suppose qu'une mère vend un immeuble appartenant à l'un de ses fils. A la mort de sa mère ce fils revendique son immeuble entre les mains de l'acheteur ; le texte décide qu'il ne sera repoussé par l'exception de garantie que jusqu'à concurrence de sa part héréditaire (1).

2° La seconde constitution confirme cette décision en déclarant aussi que l'exception de garantie est divisible (2).

Nous avons dit plus haut les raisons qui ont été données pour justifier une pareille décision et nous avons démontré que ces raisons ne paraissaient pas concluantes. La solution sous l'empire du Code ne peut être contestée, mais il se peut fort bien qu'elle ait été différente à l'époque classique du droit romain. C'est malheureusement là un point fort obscur qui en l'absence de tout texte ne laisse de place qu'à des conjectures.

§ 2. — L'obligation de garantie est-elle contractuelle ou délictuelle.

Cette question donne lieu à des solutions différentes

(1) Const. 14 au Code, liv. 3, t. 32.
(2) Const. 14 au Code, liv. 8, t. 45.

suivant les faits juridiques qui au cours de la législation ont donné naissance à l'obligation de garantie. Cette obligation de garantie est née, nous le savons déjà, de la *mancipatio*, de la *stipulatio* et enfin de la vente.

La question de savoir si l'obligation d'*auctoritas* née de la *mancipatio* est contractuelle ou délictuelle a partagé les meilleurs esprits. Pour quelques auteurs l'*auctoritas* dérive du *nexum*. L'emploi de la balance et du métal aurait ici ses deux effets : transférer la propriété (c'est la *mancipatio*) et obliger à l'*auctoritas* si le mancipant n'était pas propriétaire (ce serait le *nexum*).

Mais il semble que l'obligation résultant du *nexum* était sanctionnée par une *manus injectio* ; celle-ci avait sa source dans une *damnatio* contre le débiteur, image de la condamnation judiciaire ; il est peu vraisemblable qu'une *damnatio* ait été la conséquence de toute *mancipatio*.

D'après M. Bechman l'obligation d'*auctoritas* a sa source dans l'assentiment donné par l'aliénateur et dans l'acceptation du prix. Cet assentiment, ajoute l'auteur, ne trouve pas sa place dans l'*in jure cessio* et en conséquence celle-ci ne peut produire l'*auctoritas*.

Ces systèmes se heurtent à plusieurs raisons que l'on ne peut écarter. Nous avons dit que l'*auctoritas* est une conséquence nécessaire de la *mancipatio* et que la convention est impuissante à l'écarter, c'est donc qu'elle ne résulte pas d'un accord de volontés.

D'après nous la *mancipatio* n'a qu'un effet : trans-

férer la propriété. Si l'acheteur est poursuivi en revendication, le vendeur est obligé de venir défendre l'acheteur, car celui-ci tient son droit de son auteur. Il n'a pas
plus de droit que ce dernier. Si le vendeur ne réussit
pas ou s'il ne vient pas jouer le rôle d'*auctor*, on le punit
pour avoir vendu la chose d'autrui. Il y a là deux faits
distincts : le transfert de propriété et l'obligation d'*auctoritas* : la *mancipatio* produit le premier ; le délit le
second. Donc l'obligation d'*auctoritas* est une obligation délictuelle. Cette solution est d'ailleurs conforme
avec cette idée généralement admise qu'au début des
législations toutes les actions ont un caractère pénal.

L'obligation de garantie née de la stipulation devait
être en principe contractuelle. Cependant dans le cas le
plus ordinaire les parties faisaient une *stipulatio duplæ*. Cette stipulation contenait une clause pénale et
par conséquent l'obligation qui en naissait avait un
caractère délictuel.

Quant à l'obligation de garantie née de la vente elle-
même, il est évident qu'elle est contractuelle.

SECTION II. — **De l'étendue de l'obligation de garantie.**

L'obligation de garantie dont nous connaissons la nature existe-t-elle dans toutes les ventes, quel que soit
l'objet vendu ?

C'est ce que nous allons examiner en passant successivement en revue les ventes de choses corporelles, de

choses incorporelles et les ventes faites par un créancier gagiste ou hypothécaire.

§ I. — De la vente de choses corporelles.

L'obligation de garantie naît lorsque l'acheteur est dépossédé de la chose vendue, lorsqu'il y a éviction. Or quand peut-on dire qu'il y ait éviction ? Nous examinerons trois points :

Premier point. — Lorsque l'acheteur est dépossédé de toute la chose, il y a évidemment éviction et l'obligation de garantie naît immédiatement. Mais il se peut que l'éviction n'ait lieu qu'à raison d'une partie de la chose, y aura-t-il lieu à garantie ? L'affirmative est certaine. La loi 1, *De evictionibus* le dit en toutes lettres. La seule question subsidiaire est de savoir si toutes les actions en garantie seraient recevables en ce cas. C'est là un point que nous étudierons dans la deuxième partie de notre thèse.

Deuxième point. — L'obligation de garantie assure-t-elle à l'acheteur l'usufruit de la chose vendue et d'une façon plus générale assure-t-elle à l'acheteur la possession d'une servitude personnelle ?

La loi 4 au Digeste, livre 7, tit. 1, considère l'usufruit comme une partie de la propriété et par conséquent l'éviction de l'usufruit comme une éviction partielle donnant lieu à l'action en garantie. En effet l'obligation de garantie a pour but de procurer à l'acheteur non pas la simple possession, mais la libre possession, *vacua possessio*, qui comprend évidemment la jouissance paisible de la chose ; l'éviction le prive de cet avantage et l'on comprend qu'il ait droit de recourir contre son vendeur.

Troisième point. — L'obligation de garantie s'applique-t-elle aux servitudes prédiales qui grèvent la chose vendue ? la question est controversée et trois systèmes sont soutenus sur ce point.

M. Maynz(1) distingue entre les servitudes non apparentes et les servitudes apparentes. L'obligation de garantie s'applique aux unes, non pas aux autres, ce qui semble assez juste : l'acheteur d'un immeuble grevé de servitudes apparentes est censé vouloir les supporter, tandis que s'il s'agit de servitudes non apparentes, comment peut-on présumer qu'il ait voulu les supporter puisqu'il ne les connaissait pas ? Ce système s'appuie en outre sur la loi 75, D. (21, 2) qui relate effectivement la distinction qui sert de base à cette opinion.

Cujas décide qu'il n'y a jamais lieu à l'obligation de garantie d'éviction à raison des servitudes apparentes ou non apparentes qui grèvent le fonds vendu. Sans doute si le vendeur a déclaré que la chose était libre de tout droit il pourra être tenu de l'action *ex emplo* d'après les règles ordinaires de la vente. Ce n'est pas là une question d'éviction. Cujas admet pourtant que la servitude peut être considérée comme un vice de la chose et il accorde à l'acheteur l'action *quanti minoris*

(1) T. II, p. 189, note 13.

pour obtenir une diminution de prix proportionnelle à la moins-value de la servitude.

Nous nous rangerons de préférence à l'opinion de M. Labbé (1) qui, s'appuyant sur un texte de Celsus (2), admet que le vendeur est obligé à garantie au cas seulement où il a spécifié que le fonds était libre de toute charge, lorsqu'il l'a vendu, dit le texte, *uti optimus maximus*. Dans tous les autres cas et sans distinction la garantie n'existe pas.

Nous avons supposé jusqu'ici qu'une servitude grevait le fonds vendu, qu'arrive-t-il lorsqu'au contraire une servitude existe au profit de l'immeuble et que le propriétaire du fonds servant vient à la contester. Y aura-t-il pour le vendeur du fonds dominant obligation à garantie? Des textes du droit romain (3) la négative paraît certaine sauf exception en cas de dol du vendeur ; cette solution se comprend. A défaut de la servitude active qui existe au profit de son fonds l'acheteur de l'immeuble a la possession et la jouissance de cet immeuble libre de toute servitude. C'est tout ce que le vendeur est censé avoir voulu garantir.

§ 2. — De la vente de choses incorporelles

Les choses incorporelles sont susceptibles d'une quasi-possession, le vendeur d'une semblable chose est-il tenu de l'obligation de garantie?

(1) *De la garantie*, p. 21 et suiv.
(2) Loi 53, D., liv. 18, tit. 1.
(3) Lois 75, D., liv. 21, ! 2 et 60, D., liv. 18, t. 1.

Nous étudierons successivement la vente d'une servitude, d'une créance, d'une hérédité.

Pas de difficultés s'il s'agit de la vente d'une servitude. Cette vente s'effectuera de l'une des deux façons
suivantes : le vendeur s'engagera à constituer une servitude au profit de l'acheteur ou lui vendra une servitude établie antérieurement. Dans les deux cas le vendeur est tenu de garantir la possession de la servitude
ainsi constituée (1).

S'il s'agit d'une vente de créance le vendeur d'après
les règles du droit romain garantit l'existence de la
créance et non la solvabilité du débiteur (2), à moins
que dans ce cas le cédant n'ait connu l'insolvabilité du
débiteur, cas auquel il serait responsable à raison de
son dol. Mais en dehors de ce cas dès que la créance
existe, la garantie n'existe plus.

Si la créance cédée était fortifiée d'un droit réel ou
d'une sûreté quelconque, le cédant doit-il garantie à raison de cette sûreté ? La controverse naît de la loi 30,
D., liv. 20, t. 1, ainsi conçue : « *periculum pignorum
nominis venditi ad emptorem pertinere si tamen pro-
betur eas res obligatas fuisse* ». Cujas et Pothier pensent
d'après ce texte que le cédant garantit seulement que
les sûretés ont été fournies, peu importe par la suite
qu'elles deviennent insuffisantes ou même qu'un tiers
les revendique. Nous préférons l'opinion de M. Labbé

(1) Loi 6, § 5, D., liv. 19, t. 1.
(2) Loi 4, D., liv. 18, t. 4 et l. 74, § 3, D., liv. 21, t. 2.

qui, plus conforme à l'équité, admet que le cédant serait responsable de la bonté des sûretés attachées à la créance alors surtout qu'il l'aurait déclaré au moment de la cession.

Si la créance était accompagnée de fidéjussion on applique à la garantie de la fidéjussion les règles de la garantie de la créance, le cédant garantira l'existence de la fidéjussion, non la solvabilité du fidéjusseur.

Quant à la vente d'une hérédité il faut nous placer dans l'hypothèse de la vente de l'hérédité d'une personne morte et non pas de celle d'une personne vivante qui est nulle (1). Le vendeur d'une hérédité garantit seulement le *nomen juris*, la qualité d'héritier, mais aucunement l'émolument héréditaire. Si donc, une fois la succession ouverte, l'acquéreur est attaqué par la *petitio hereditatis,* on s'attaque à sa qualité d'héritier ; l'obligation de garantie naîtra à la charge du vendeur. Si au contraire l'acquéreur est attaqué par la *reivindicatio,* c'est à l'émolument qu'on en veut, il n'y aura pas lieu à garantie, le tout sauf convention contraire. C'est ce qui résulte des lois 2, 14, 10 et 11 au Digeste, liv. 18, t. 4 et de la loi 1 au Code, liv. 8, t. 45.

§ 3. — De la vente faite par un créancier gagiste ou hypothécaire.

Lorsqu'un créancier gagiste ou hypothécaire vend la chose qui lui a été donnée en gage ou hypothéquée à

(1) L. 7, D., liv. 18, t. 4.

son profit, doit-il garantie à l'acheteur en cas d'éviction ?
Les textes résolvent la question par une distinction (1) :
ou bien le créancier a vendu la chose comme sienne
jure communi, et alors il doit la garantie dans les conditions ordinaires, ou bien il vend la chose *jure creditoris* en sa qualité de créancier, et alors il ne garantit que
cette qualité ; l'acheteur évincé dans ce cas n'a pas de
recours contre le créancier, mais il pourrait cependant
lui réclamer la cession de l'action *pigneratitia contraria*
pour l'exercer à sa place contre le débiteur (2). Dans les
deux cas l'acheteur pourrait aussi être désintéressé.

Ces solutions que nous venons de donner ont lieu
sauf convention contraire et le créancier qui a vendu la
chose *jure creditoris* peut être tenu à garantir l'éviction
s'il le stipule expressément. En ce cas, et l'éviction une
fois consommée, pourra-t-il répondre à l'action en garantie de l'acheteur en se retournant contre son débiteur
qui lui a donné en gage la chose d'autrui ? L'affirmative
semble évidente et cependant la loi 22, § 4, au Digeste,
liv. 13, t. 7, distingue, suivant que le créancier aurait
vendu la chose *ut pater familias* et le cas où il l'aurait
vendue sans nécessité. Dans cette dernière hypothèse
il n'aurait aucun recours contre son débiteur.

Certains auteurs (3) voulant restreindre outre mesure
l'étendue de l'obligation de garantie ont prétendu que
le créancier qui vend la chose *jure creditoris* ne doit

(1) L. 59, § 4, D., liv. 17, t. 1 et l. 1, au Code, liv. 8, t. 46.
(2) L. 38, D., liv. 21, t. 2.
(3) Labbé, *Garantie*, p. 42.

pas même garantir sa qualité de créancier. Cette opinion est condamnée par la loi 1 au Code, liv. 8, t. 46, où l'hypothèse suivante se trouve prévue et tranchée.

Un créancier hypothécaire vend la chose donnée en hypothèque alors qu'il existe un créancier hypothécaire antérieur qui, suivant les principes du droit romain, a seul le droit de vendre la chose; le texte décide que le créancier qui a ainsi vendu sans aucun droit la chose hypothéquée est responsable vis-à-vis de l'acheteur évincé.

Jusqu'ici nous n'avons étudié que les relations du créancier gagiste ou hypothécaire et de l'acheteur. Mais il importe d'examiner brièvement les relations de l'acheteur et du débiteur, vrai propriétaire de la chose gagée. Ne peut-on pas dire que le créancier en vendant la chose s'est constitué mandataire du débiteur et peut être considéré comme son *procurator præsentis*, cas auquel le débiteur serait responsable de l'éviction vis-à-vis de l'acheteur.

Cette théorie a été soutenue avec beaucoup de force par M. Labbé et nous trouvons au Digeste un texte qui par argument d'analogie suffirait à la justifier (1). Ce texte suppose que le magistrat a ordonné la saisie à titre de gage des biens du débiteur, puis, que ces biens soient vendus au bout d'un certain temps; l'acheteur évincé a dans ce cas un recours direct contre le débiteur et cela par l'action *empti*.

(1) L. 74, § 1, D., liv. 21, t. 2.

4

DEUXIÈME PARTIE

DE L'ACTION EN GARANTIE

Cette deuxième partie comprendra deux chapitres : le premier consacré aux conditions du recours en garantie, le second consacré aux différentes actions en garantie.

CHAPITRE PREMIER

CONDITIONS DU RECOURS EN GARANTIE.

SECTION I. — Conditions générales du recours en garantie.

Pour qu'il y ait lieu au recours en garantie il faut :

1° Que l'acheteur soit dépossédé ;

2° Qu'il soit dépossédé par une action judiciaire à raison d'un trouble de droit ;

3° Que ce trouble ne soit pas imputable à l'acheteur ;

4° Que ce trouble porte préjudice à l'acheteur en sorte que celui-ci ait intérêt à recourir en garantie.

Examinons rapidement ces différentes conditions dont la première seule exige quelques explications.

I. — Il faut que l'acheteur soit dépossédé.

Tant que l'acheteur conserve la possession de la chose vendue, il ne peut recourir en garantie alors même qu'il sait que la chose n'appartient pas à son vendeur. Sans doute si le vendeur est de mauvaise foi au moment de la vente, l'acheteur qui bientôt s'aperçoit de la fraude pourra poursuivre son auteur en dommages-intérêts. Mais cette action est fondée non pas sur l'obligation de garantie mais sur l'obligation qui incombe au vendeur de ne commettre aucun dol « *purgari dolo malo* ». Le vendeur de bonne foi peut impunément vendre la chose d'autrui et l'acheteur n'aura de recours que s'il est inquiété dans sa possession. Cette solution résulte du principe admis en droit romain que le vendeur n'est pas tenu de transférer à l'acheteur la propriété de la chose vendue. Encore faut-il bien s'entendre sur la portée de cette règle que l'on formule souvent d'une façon trop absolue. Le vendeur n'est pas tenu à transférer la propriété d'une chose dont il n'est pas propriétaire ; mais s'il est propriétaire de la chose qu'il vend, il doit avec la possession en transférer la propriété. Les textes ne sauraient laisser de doute à cet égard. Gaius dit que l'on peut agir au moyen de l'action *empti* pour se faire manciper la chose vendue et Paul nous dit formellement « *venditor cogi potest ut mancipet* » (1).

(1) Commentaire IV, § 131 a.

Le droit français admet que la vente par elle-même transfère la propriété ; d'où l'article 1599 du Code civil conclut à la nullité de la vente de la chose d'autrui « *nemo dat quod non habet* ». Le vendeur étant obligé de transférer la propriété sera tenu de la garantie dès après la vente et sans qu'il soit besoin que l'acheteur soit troublé dans la possession. En effet l'acheteur a droit non seulement à la possession, mais encore à la propriété de la chose vendue, il peut se plaindre lorsque satisfaction n'est pas donnée à la totalité de son droit.

En fait les solutions contraires du droit romain et du droit français s'expliquent aisément, et dans les deux législations le droit de l'acheteur se trouve suffisamment garanti. L'acheteur romain ne peut se plaindre que si sa possession est troublée, mais son inquiétude sera de courte durée ; en très peu de temps il deviendra par usucapion propriétaire de la chose vendue et n'aura plus à craindre les revendications d'autrui. L'acheteur français au contraire ne peut prescrire la chose vendue qu'au bout d'un très long temps (dix à vingt ans ou trente ans suivant les cas), il importait de faire cesser immédiatement son inquiétude en lui permettant d'agir en garantie dès qu'il sait que son vendeur lui a vendu la chose d'autrui.

Aussi l'acheteur en droit romain ne peut se plaindre tant qu'il conserve la possession de la chose vendue, mais dès qu'un trouble se produit, dès qu'il est menacé d'éviction, soit par l'action en revendication du vrai propriétaire, soit même par une action réelle quelconque, alors naît le recours en garantie.

En quoi consiste ce recours ? il consiste pour l'acheteur à se réclamer de son vendeur, à l'appeler au procès en revendication et à l'obliger à prendre fait et cause pour lui. L'acheteur qui négligerait d'appeler son vendeur en cause perdrait le droit de lui demander des dommages-intérêts si l'éviction était prononcée (1).

L'appel du vendeur pour prendre fait et cause en faveur de l'acheteur se faisait par une dénonciation du trouble. Cette dénonciation était faite à toutes les personnes tenues de l'obligation de garantie et dans ce cas elle avait lieu *in solidum*, ainsi que nous l'avons expliqué en étudiant la nature indivisible de l'obligation de garantie.

Sur cette dénonciation le vendeur comparaissait et se substituait à l'acheteur pour le défendre vis-à-vis du revendiquant, ce que faisant il « prestait » l'*auctoritas* suivant l'expression des textes.

II. — Il faut que l'acheteur soit dépossédé par une action judiciaire à raison d'un trouble de droit.

Le trouble de droit seul peut donner naissance à l'action en garantie. Il y a trouble de droit lorsque celui qui inquiète l'acheteur dans sa possession, prétend avoir un droit à la possession de la chose, si par exemple il se prétend propriétaire, s'il est créancier hypothécaire,

(1) Const. 8, Code, liv. 8, t. 45, *de evict.*

cas auquel il peut suivre la chose entre les mains de tout détenteur et la faire vendre à son profit.

D'ailleurs il ne suffit pas que l'ayant droit réclame la possession de la chose, il faut qu'il intente une action en justice; jusque-là il y a menace de troubler la possession, mais non pas trouble proprement dit (1).

III. — Il faut que le trouble ne puisse être imputé à faute à l'acheteur. La cause du trouble, pour pouvoir donner naissance à la garantie, aura lieu généralement avant la vente ou tout au moins avant la prise de possession de la chose par l'acheteur. A partir de ce moment la chose vendue est aux risques de l'acheteur et toute cause d'éviction qui survient est étrangère au vendeur.

Mais il se peut même que la cause du trouble ayant lieu avant la vente puisse être imputée à faute à l'acheteur et dans ce cas il n'y aurait pas lieu au recours en garantie. La loi 20 au Digeste, livre 21, titre II, se place dans l'hypothèse suivante : *Primus* hypothèque son fonds puis le vend à *Secundus* qui le vend à *Tertius*, ensuite *Primus* rachète le fonds à *Tertius*. *Primus* sur l'action hypothécaire du créancier ne pourra agir en garantie contre son vendeur (*Tertius*), car c'est de lui *Primus* que vient la cause de l'éviction puisque c'est lui qui a constitué l'hypothèque.

IV. — Enfin il faut que le trouble porte préjudice à l'acheteur, en sorte que celui-ci ait intérêt à recourir en garantie; pas d'intérêt pas d'action. Si la chose périt for-

(1) C'est ce qui résulte de la loi 74, § 2, *de evict.*, liv. 21, t. 2.

tuitement entre les mains de l'acheteur avant que sa possession ait été troublée, il doit en supporter la perte et ne peut agir en garantie. Qu'arrive-t-il si la chose périt *inter moras litis*. C'est-à-dire au cours de l'instance en revendication exercée par le vrai propriétaire contre l'acheteur?

On distingue ici suivant que l'acheteur gagne ou perd son procès. S'il gagne son procès c'est que le trouble est mal fondé, qu'il ne peut donner lieu à l'éviction, par conséquent, l'acheteur n'a aucun recours contre son vendeur. Que si au contraire l'acheteur perd son procès, cela prouve que l'éviction était fondée en droit et alors les parties au procès, c'est-à-dire l'acheteur et le revendiquant, doivent être placés dans la même situation que si la sentence avait été rendue au moment de la *litis contestatio*. L'acheteur doit restituer au revendiquant les fruits de la chose depuis la *litiscontestatio* jusqu'à la perte de cette chose et comme il y a éviction en droit, l'acheteur pourra réclamer des dommages-intérêts au vendeur (1).

SECTION II. — I. — **A qui le recours est accordé.** — II. — **Contre qui peut-il être exercé?** — III. — **Durée de ce recours.**

I. — A qui le recours est-il accordé?

Le recours en garantie est exercé par l'acheteur, il

(1) L. 16, pr. Dig., liv. 6, t. 1, et L. 2, Code, liv. 7, t. 17.

arrive même que l'acheteur peut exercer le recours en garantie alors qu'il ne détient pas la chose et qu'il n'est pas personnellement évincé. La loi 22, § 1, Dig. *De eviction.*, liv. 21, t. 2, cite le cas d'une femme qui après avoir acheté un fonds l'apporte en dot à son mari. Cette constitution de dot ayant eu lieu sans estimation en sorte qu'il doive y avoir lieu à la restitution de la dot, le mari est évincé de la possession de l'immeuble ; la femme pourra agir en garantie contre le vendeur ; elle y a intérêt afin de conserver son droit à la restitution de la dot à la dissolution du mariage.

Le recours en garantie qui appartient à l'acheteur passe à ses héritiers. Ceux-ci ne l'exerceront pas pour le tout mais bien chacun pour sa part héréditaire, en vertu du principe que les actions et obligations se divisent de plein droit entre les héritiers du *de cujus.*

Le recours en garantie peut être aussi exercé par un ayant cause à titre particulier de l'acheteur, mais il faut alors que le droit à la garantie soit l'objet d'une cession formelle au moyen par exemple d'une *procuratio in rem suam* (1).

II. — Contre qui le recours en garantie est-il exercé ?

Le recours en garantie s'exerce contre le vendeur.

S'exerce-t-il contre les ayants cause du vendeur à titre universel ou à titre particulier.

Nous savons que les héritiers du vendeur sont tenus de l'obligation de garantie même d'une façon indivisible.

---

(1) L. 59, *de evict.*, D., liv. 21, t. 2.

Si le vendeur a vendu la chose d'autrui, le tiers acquéreur sur l'action en revendication du vrai propriétaire intentera aux héritiers du vendeur l'action en garantie ; si le vendeur a vendu la chose appartenant à l'un de ses héritiers et qu'après la mort du vendeur l'héritier la revendique entre les mains de l'acquéreur, il sera repoussé par l'exception de garantie. Dans cette dernière hypothèse certains auteurs ont prétendu que l'héritier pourrait valablement revendiquer la chose entre les mains de l'acquéreur sauf à indemniser celui-ci à raison de l'éviction. L'exception de garantie n'aurait plus raison d'être puisque l'acheteur évincé serait indemnisé. On argumente de la Loi 73 Dig. *De eviction.*, liv. 21, t. 2, qui se place dans l'hypothèse suivante : Une femme apporte en dot à son mari un fonds puis elle meurt. Les héritiers revendiquent l'immeuble entre les mains du mari, en ont-ils le droit ou se verront-ils repoussés ? Le texte répond que les héritiers peuvent exercer la revendication *jure proprio* non *jure heredilario*, puis il ajoute : « *sed evictis prædiis heredem conveniri posse vel exceptione doli submoveri posse* », d'où l'on conclut que les héritiers peuvent évincer le mari sauf à payer à raison de leur qualité d'héritiers des dommages-intérêts résultant de l'obligation de garantie qui leur incombe *jure hereditaria*. Nous pensons quant à nous que ce texte n'a pas du tout pour résultat de rendre inutile l'exception de garantie. Ce qui le prouve c'est la fin du texte qui admet pour le mari défendeur à l'action en revendication le droit d'opposer l'exception de dol.

Le mari aura le droit ou bien de ne pas opposer l'exception de dol et alors l'éviction aura lieu sauf dommages-intérêts à son profit à raison de cette éviction ou bien le mari aura le droit d'opposer l'exception de dol, cas auquel l'éviction n'aura pas lieu. Ce qu'il faut retenir c'est que les héritiers ne peuvent évincer l'acquéreur, celui-ci leur opposant l'exception de garantie ou l'exception de dol en cas de mauvaise foi du demandeur ainsi que le suppose la loi 73 précitée.

Quant aux successeurs à titre particulier du vendeur on admet que l'exception de garantie peut leur être opposée, cette exception peut être opposée tant aux successeurs particuliers à titre gratuit qu'aux successeurs à titre onéreux.

Les fidéjusseurs du vendeur tenus à l'obligation de garantie peuvent aussi être repoussés par l'exception de garantie.

Il existe une exception remarquable à ces règles lorsqu'il s'agit des héritiers du fidéjusseur. La loi 31 au code *de evictio.* décide que l'héritier du fidéjusseur peut évincer l'acquéreur. Cujas pour interpréter le texte pense qu'il faut supposer que l'héritier du fidéjusseur renonce à la succession de celui-ci, que dès lors n'étant plus tenu de l'obligation de garantie, il ne peut se voir repousser par l'exception. Cette interprétation n'est guère vraisemblable, le texte visant un véritable héritier sou-

mis à toutes les obligations héréditaires. Mieux vaut
dire que la loi 31 au Code prévoit une hypothèse spéciale
et donne une solution contraire aux principes.

Si la vente est faite par mandataire c'est celui-ci qui
d'abord dut la garantie à raison de ce principe de droit
romain que le mandataire ne représente pas le mandant ; plus tard il est probable que le mandant put être
poursuivi par l'action en garantie donnée à l'acquéreur
utilitatis causa.

III. — Durée du recours en garantie.

Le recours en garantie ne peut être exercé qu'au moment où la possession de l'acheteur est troublée par l'action en revendication du vrai propriétaire, le recours en
garantie dépend donc de cette action en revendication.
Si cette action ne peut plus être exercée parce que l'acquéreur a prescrit la chose, le recours en garantie ne sera
plus recevable. Si cette action en revendication est au
contraire perpétuelle la chose étant imprescriptible (par
exemple, s'il s'agit de la vente à titre d'esclave d'une
personne libre), alors le recours en garantie sera perpétuel aussi. Mais dès que l'action en revendication est
valablement intentée le recours en garantie prend naissance et se prescrit par 30 ans.

CHAPITRE II

DES ACTIONS EN GARANTIE.

Après avoir analysé les conditions d'exercice du recours en garantie, il nous faut énumérer et étudier séparément les différentes actions en garantie.

Nous verrons que l'obligation de garantie a d'abord été sanctionnée par des actions indépendantes de celles qui avaient pris naissance dans le contrat de vente et que ces actions se sont rapprochées peu à peu jusqu'à ce qu'elles se confondissent entre elles.

Nous étudierons dans trois sections distinctes : l'*actio auctoritatis, les actions nées des stipulations de garantie, enfin l'action empti.*

SECTION I. — Actio auctoritatis (1).

L'action *auctoritatis* est l'arme judiciaire la plus ancienne mise à la disposition de l'acheteur menacé d'éviction ; elle est la sanction de l'obligation d'*auctoritas* (2) née de la *mancipatio.*

L'acquéreur, par hypothèse, est actionné en revendi-

_____

(1) Voy. sur ce point Girard, *l'action auctoritatis, Nouv. rev. hist.*,82, p. 18) et suiv.

(2) V. p. 9.

cation par la procédure du *sacramentum*. S'il a usucapé l'objet revendiqué, il se défend seul et repousse le demandeur. Sinon, il a besoin de celui qui lui a consenti la *mancipatio*; c'est de celui-ci qu'il tient son droit; il n'est devenu propriétaire qu'autant que son auteur l'était aussi. Le mancipant doit savoir beaucoup mieux que l'acheteur si la prétention du demandeur est fondée, aussi est-il tenu de venir au procès en revendication.

Il est appelé, on ne sait en quelle forme, et doit prêter assistance à l'acheteur ; c'est l'obligation d'*auctoritas,*

Il ne prend pas la place de l'acquéreur, car la procédure des actions de la loi ne se prête pas à ce changement de défendeur ; chaque partie prétend en effet qu'elle est propriétaire ; or le mancipant n'est évidemment pas propriétaire, à supposer qu'il l'ait jamais été. Au temps de la procédure formulaire, cette substitution est devenue possible : le vendeur put mettre l'acheteur hors de cause en se constituant son représentant judiciaire.

Si l'acheteur a gagné son procès avec l'aide du mancipant, celui-ci n'a rien à craindre : il est à l'abri de tout recours.

Mais si le demandeur à la revendication a triomphé, un nouveau procès s'engage alors : le vendeur n'a pas satisfait à son obligation d'*auctoritas*, il est passible de l'action *auctoritatis*. Cette action a sa source dans un délit distinct de la mancipation et non dans celle-ci ; ce délit, c'est le défaut d'assistance au procès en revendication ; il se produit, que le mancipant ne défende pas

l'acheteur ou qu'il le défende mal ; mais il est nécessaire, d'après nous, que l'acheteur ait succombé au procès en revendication pour que l'action pénale puisse
être intentée.

D'autres auteurs ont cru trouver le fondement de
l'*actio auctoritatis* dans le fait d'avoir vendu la chose
d'autrui ; mais, dans cette opinion comme dans la nôtre,
l'action n'est encourue que si l'acquéreur a été évincé.

Quelques auteurs enfin soutiennent que le fait seul
de ne pas obéir à l'appel de l'acheteur menacé d'éviction, lorsque, d'ailleurs, toutes les conditions de l'obligation d'*auctoritas* se trouvent réunies, constitue le
vendeur passible de l'*actio auctoritatis* : celle-ci pourrait ainsi être intentée même si l'acquéreur triomphait
dans le procès en revendication. Cette opinion nous paraît inadmissible. Il est nécessaire, croyons-nous, que
le procès en revendication ait été perdu par l'acheteur ;
mais il peut se faire que celui-ci conserve néanmoins la
chose mancipée, il pourra alors intenter cependant l'*actio auctoritatis*.

L'*actio auctoritatis* est une action pénale ; mais elle
n'est pas, comme l'a dit M. Ihering, une variété de l'*actio
furti* : celle-ci suppose une *adrectatio rei alienæ invito
domino* ; or on ne peut pas dire que le mancipant a reçu
le prix malgré l'acheteur.

L'obligation d'*auctoritas*, nous l'avons vu, ne naissait
que de la *mancipatio* et non de l'*in jure cessio*. Par suite
l'*actio auctoritatis* ne pouvait se présenter qu'à la suite
de la *mancipatio*.

A l'époque où la coutume a fixé les conditions de cette action, la *mancipatio* était une véritable vente au comptant. Aussi, plus tard, quand le contrat solennel ne fut plus qu'une *imaginaria venditio*, les éléments constitutifs de la vente au comptant figurèrent parmi les conditions de l'*actio auctoritatis* à côté de la *mancipatio* : paiement du prix et tradition de la chose. Il fallait de plus, ainsi qu'il est dit plus haut, que l'acheteur ait succombé à une *rei vindicatio*, ou à une autre action réelle par la faute du vendeur.

Cette action ne pouvait être intentée à raison des vices de la chose : pour la garantie des vices, il fallait, à cette époque, une *stipulatio* ; cependant l'action *de modo agri* qui était donnée à l'acquéreur par *mancipatio* pour défaut de contenance de l'immeuble existait sans stipulation particulière.

L'action *auctoritatis* s'intentait dans la forme des actions de la loi par la procédure du *sacramentum* ; elle avait pour objet le double du prix que l'on pesait anciennement et que l'on déclarait plus tard au cours de la *mancipatio* devenue une vente fictive.

Cet objet fixe constitue encore un argument en faveur de l'opinion qui voit dans l'action *auctoritatis* une action délictuelle. Quand l'obligation résulte d'un contrat ou d'un quasi-contrat, le débiteur ne doit que ce qu'il a reçu ou ce qu'il a promis, mais non le double.

M. Huschke a soutenu qu'à l'époque des actions de la loi, notre action s'intentait par *manus injectio* et que son objet direct n'était pas le double du prix, mais une peine contre le défendeur qui avait nié son obligation. Mais ce sont là des suppositions gratuites: de plus, la *manus injectio* suppose une créance liquide et incontestable, ce qui n'est pas le cas.

SECTION II. — Actions ex stipulatu

Nous réunissons dans ce chapitre les actions nées des différentes stipulations de garantie : promesse *secundum mancipium, stipulatio habere licere, stipulatio duplæ.*

Nous étudierons dans des paragraphes distincts les actions nées de chacun de ces contrats.

§ 1. — Promesse secundum mancipium.

L'action née de la promesse *secundum mancipium* n'est guère connue. Le montant était le double du prix de vente comme celui de l'*actio auctoritatis* de laquelle elle devait se rapprocher beaucoup. Mais c'était une action née *ex contractu* et non *ex delicto*. Elle était encourue par suite de ce fait que le vendeur n'avait pas défendu l'acheteur ou l'avait mal défendu au procès en revendication : c'est la même condition que pour l'*actio auctoritatis*. L'obligation des cautions était exigible quand cette condition était accomplie : elles promettaient le double du prix pour le cas où l'aliénateur ne défendait pas utilement l'acquéreur.

§ 2. — Stipulatio habere licere.

La *stipulatio habere licere* se réfère à une époque beaucoup plus récente que la promesse *secundum mancipium*, l'action née de cette stipulation a un caractère plus moderne.

Le vendeur a promis à l'acheteur de lui permettre d'avoir la chose, en fait. Or, tant que cet état de fait subsiste, la promesse est tenue et la *condictio* n'est pas encourue.

Il se peut que l'acheteur ait succombé à un procès en revendication ; mais si la sentence n'est pas exécutée, si le défendeur vaincu garde la chose, il ne peut exercer son recours contre le vendeur. Cette situation anormale se présente quand la sentence n'est pas exécutée, parce que le demandeur fait ensuite donation au défendeur, ou qu'il meurt sans héritier et que ni le fisc, ni les créanciers ne demandent l'exécution du jugement : « *habere licere rem videtur emptor* » dit Gaius (1).

Pour que l'action soit encourue il faut alors qu'*emptori habere non liceat*.

Cette condition est remplie toutes les fois que, par suite d'une éviction judiciaire, la *stipulatio duplæ* serait commise, car une des conditions de celle-ci est qu'*habere non liceat*. Nous nous en occuperons en détail dans l'étude de la *stipulatio duplæ*.

Il nous faut chercher les autres cas d'application de

(1) L. 57, D., *de evictionibus*, 21, 2.

5

l'*actio ex stipulatu habere licere*, car ils sont plus nombreux que ceux de l'*actio duplæ*.

Nous trouvons tout d'abord le cas d'éviction partielle. La *stipulatio duplæ* n'est encourue ici que si on a prévu expressément le cas d'éviction partielle au moyen d'une *adjectio partis*, tandis que la *stipulatio habere licere* est nécessairement encourue : on a promis au créancier qu'il aurait la chose ; la promesse n'est pas tenue si une partie de la chose lui est enlevée par suite du défaut de droit du vendeur.

Il est probable que les cas d'application étaient à peu près les mêmes que ceux de l'action *empti* en garantie qui vint plus tard.

La plupart des auteurs pensent que l'action ne peut être exercée que si le trouble vient du fait du vendeur ou de ses héritiers ; elle ne pourrait l'être si le trouble venait du fait d'un tiers.

Avant la création de l'exception *rei venditæ et traditæ*, l'utilité de notre action eût été restreinte aux hypothèses suivantes :

Après une tradition de *res nec mancipi* faite par un non propriétaire, et qui, par suite, n'a pas rendu l'acquéreur propriétaire, le *tradens* acquiert la propriété de l'objet livré et le revendique ; au moyen de notre action, il était condamné à une indemnité envers l'acheteur ainsi frustré.

Autre hypothèse : la *traditio*, chacun le sait, ne transfère pas la propriété des *res mancipi*, par suite le *tra-*

dens peut revendiquer un objet de cette nature malgré la *traditio* ; notre action le fera encore condamner à une indemnité.

De même encore, si le *tradens* devenu ou resté propriétaire fait, malgré la *traditio*, une aliénation valable au profit d'un second acheteur, le premier pourra recourir contre ce *tradens* au moyen de notre action.

Dès lors l'*exceptio rei venditæ et traditæ* a enlevé toute utilité à cette action.

Mais nous croyons que l'action *ex stipulatu habere licere* avait la portée, non de l'exception de garantie, mais de l'action en garantie du droit nouveau. Un texte nous contredit (1).

Dans ce texte Ulpien considère la *stipulatio habere licere* quant au fait des tiers comme une promesse du fait d'autrui ; il lui refuse alors toute sanction quand elle n'a pas en vue le fait du débiteur ou de ses héritiers.

Mais l'idée émise dans ce texte n'est pas adoptée par Paul ; et, dans un autre texte, Ulpien contredit implicitement celui que nous venons de citer.

Il semble qu'Ulpien se soit laissé entrainer par une délicatesse exagérée de jurisconsulte. Dans le paragraphe 2 qui suit le fragment cité plus haut, il dit que l'acheteur devra avoir recours à une *stipulatio pœnæ* pour se garantir contre le fait des tiers. Or, en pratique, il est certain que ce détour aurait toujours été adopté :

(1) L. 38, D., *de verb. obligat.*, liv. 45, t. 1.

l'acheteur ne se serait pas contenté d'une garantie restreinte aux faits du vendeur ou de son héritier.

Enfin, ce ne sont pas des stipulations *habere licere* qu'indiquerait Varron dans son ouvrage éminemment pratique, mais des stipulations *pœnæ*.

L'action *ex stipulatu habere licere* avait pour objet la réparation du préjudice causé ; ce montant incertain pouvant être, suivant les circonstances, égal, supérieur ou inférieur au prix.

§ 3. — De l'action ex stipulatu duplæ.

L'action née de la *stipulatio duplæ* est la plus connue des actions *ex stipulatu* en garantie. Son principal caractère est d'être de droit strict. Nous allons voir les conséquences que l'on peut tirer de cette idée en étudiant l'action *ex stipulatu duplæ* au point de vue de ses cas d'application et au point de vue de ses effets.

A. — *Cas d'application de l'action* ex stipulatu duplæ.

La règle en ce qui concerne la sphère d'application de l'action *ex stipulatu duplæ* peut s'exprimer de la façon suivante : « l'action *ex stipulatu duplæ* sera recevable lorsque l'acquéreur sera privé de la chose vendue ou de l'émolument qu'elle représente par la sentence du juge » ; d'où nous tirons les conséquences suivantes.

1° L'action est recevable lorsque l'acheteur est évincé de la chose sur l'action en revendication ou hypothécaire émanée d'un tiers. Elle le serait également si l'acheteur

sur la revendication du tiers a été condamné à restituer
à celui-ci la *litis estimatio* et qu'il ait fait cette restitution ; car alors, il est vrai de dire que *litis estimatio
similis est venditionis*. Elle le serait enfin si l'acquéreur,
n'étant pas en possession de la chose vendue, succom-
bait dans une poursuite intentée contre le tiers posses-
seur. Tous ces cas d'application de l'action *ex stipulatu
duplæ* sont indiqués par la loi 16, § 1, *de eviction.* :
« *duplæ stipulatio committi dicitur cum restituta est
petitori vel damnatus est in litis estimationem vel pos-
sessor ab emptore conventus absolutus est* ».

Mais l'action ne serait pas admise si l'acheteur devenait
après la vente propriétaire de la chose, par un legs ou
une donation émanée du vrai propriétaire. Il n'y a pas
éviction au sens étroit du mot, l'acheteur n'est pas dépossédé et dès lors l'action *ex stipulatu* doit être rejetée.

2º L'action est recevable lorsque l'acheteur au jour de
l'éviction a reçu *traditio* ou *mancipatio* et a payé le prix
ou donné satisfaction équivalente. Rien ne doit lui man-
quer pour avoir la propriété que de détenir son titre du
propriétaire. Jusqu'à l'accomplissement de ces conditions le vendeur n'a pas complètement aliéné la chose.
Si donc la revendication est exercée par le vrai propriétaire avant que la chose ait été livrée à l'acheteur, elle
sera exercée contre le vendeur et non contre l'acheteur,
en tous cas dans l'espèce l'acheteur n'est pas encore
susceptible d'éviction au sens étroit du mot et l'action

en garantie *ex stipulatu duplæ* sera repoussée (1).

3° L'action est recevable lorsqu'elle porte sur la chose principale. Si l'éviction a lieu à raison d'un objet qui ne fait pas partie intégrante de la chose vendue, par exemple un produit ou un accessoire, il n'y a pas lieu à l'action *ex stipulatu duplæ* (2).

Par exemple, la vente a pour objet une femme esclave qui accouche après la vente : si la femme meurt et que le vrai propriétaire revendique l'enfant comme il en a le droit, l'acheteur ne pourra recourir en garantie contre son vendeur. Il en est de même lorsqu'il s'agit des produits d'un troupeau ou de tout autre accessoire de la chose.

B. — *Effets de l'action* ex stipulatu duplæ.

L'action *ex stipulatu duplæ* étant de droit strict ne laisse aucune place à l'arbitraire du juge. L'*intentio* de cette action est *certa* et l'acheteur a droit à la somme qui s'y trouve indiquée. Cette somme est en général du double du prix de vente. Nous avons vu dans notre exposé historique qu'elle pouvait être du triple et même du quadruple de ce prix. Pour savoir quels sont les résultats de l'action *ex stipulatu duplæ*, il nous faut distinguer l'éviction totale et l'éviction partielle.

En cas d'éviction totale il n'y a aucune difficulté, l'acheteur a droit, sur l'action *ex stipulatu duplæ*, au dou-

---

(1) L. II, § 2, *De act. empt.* — L. 61 et 62, pr., *De evict.*
(2) L. 5, 8, 13, pr., 42 et 43, *de eviction.*

ble du prix de vente et cela sans se préoccuper des augmentations ou des diminutions qu'a pu subir la chose à partir de la vente. En cas d'éviction partielle nous avons à distinguer suivant que l'éviction porte sur un accessoire de la chose, un produit de cette chose, ou bien si elle porte sur une partie intégrante de cette chose.

Lorsque l'éviction porte sur un accessoire ou un produit de la chose, nous avons vu qu'il n'y a pas lieu à l'action *ex stipulatu*. L'acheteur n'a par conséquent pas droit au double du prix de vente.

Lorsque l'éviction porte sur une partie intégrante de la chose, on admet généralement que l'action *ex stipulatu* est possible. Quel en est l'effet ? Ici nous distinguerons suivant que la portion évincée est divise ou indivise.

Si la portion évincée est divise, il faut voir pour combien elle est comprise dans le prix de vente et accorder à l'acheteur le double de la somme ainsi obtenue.

Si la portion est indivise, certains auteurs voudraient refuser à l'acheteur l'action *ex stipulatu*, ils s'appuient sur les lois 36, 42, 43, 44, *de evictionibus* et aussi sur la loi 56 § 2 au même titre, qui se plaçant dans l'hypothèse de l'éviction d'un esclave pour partie seulement décide que l'action *ex stipulatu* n'aura pas lieu à moins de convention contraire. Nous répondons que les lois 36, 42, 43, 44, *de evict.*, ne se placent pas dans notre hypothèse mais bien dans le cas où l'éviction porte sur une partie accessoire de la chose et refusent alors jus-

tement l'action *ex stipulatu*. A la loi 56 § 2, *de evict.*
qui est alors un argument plus sérieux, nous opposons
la loi 64 au même titre qui, prévoyant l'hypothèse ou une
partie indivise d'un fonds se trouve évincée, accorde l'action *ex stipulatu duplæ* à l'acheteur. Dans ce cas pour
apprécier la condamnation et le droit de l'acheteur, il
faudra voir à quelle somme correspond dans le prix de
vente la fraction de chose dont l'acquéreur est privé et
lui accorder le double de cette fraction.

SECTION III. — Action empti ou ex empto.

L'action *empti* ou *ex empto* est née directement du
contrat de vente, elle est destinée à sanctionner les droits
de l'acheteur. Nous savons déjà que la vente consensuelle donnant naissance à l'action *empti* a été admise
comme obligeant le vendeur à transférer à l'acheteur la
possession de la chose avant d'obliger ce même vendeur
à la garantie. Celle-ci naissait indépendamment du
contrat de vente et était en conséquence sanctionnée par
d'autres actions que l'action *empti*. Le progrès a consisté
à rattacher à la vente l'obligation de garantie qui s'est
trouvée peu à peu, d'abord avec des moyens détournés,
sanctionnée par l'action *empti*.

Tout d'abord on a donné à l'acheteur l'action *empti*
pour obtenir une stipulation de garantie. Ce moyen fut
imaginé par les édiles. Plus tard tout acheteur put par
l'action *empti* exiger l'accomplissement d'une promesse

de garantie *stipulatio habere licere* ou *stipulatio duplæ* suivant les cas. Dans le dernier état du droit romain
l'action *empti* put être exercée directement pour exiger
une indemnité après l'éviction consommée. L'expédient
nous est connu. On considéra comme faite la stipulation
qui aurait pu être exigée. C'est cette action *empti*, telle
qu'elle se comporte à l'époque classique du droit, que
nous allons étudier. Son principal caractère est d'être
de bonne foi, de laisser place à l'appréciation du juge.
Nous allons voir les conséquences de cette idée en étudiant l'action *empti* aux deux points de vue de ses applications et de ses effets.

A. — *Des cas d'application de l'action* empti.

L'action *empti* étant de bonne foi s'applique le plus
largement possible et l'on peut dire que l'acheteur a
droit de l'exercer toutes les fois qu'il n'a pas obtenu des
avantages qu'il aurait eus si le vendeur avait été propriétaire de la chose ; d'où l'on conclut :

1º Que l'action *empti* est recevable toutes les fois
que l'action *ex stipulatu* peut être valablement exercée ;

2º Que l'action *empti* est encore recevable dans certains cas où l'action *ex stipulatu duplæ* ne le serait
pas.

Ainsi l'action *empti* est recevable si la vente émanant
du non-propriétaire, l'acheteur voit sa possession conso-
lidée par une donation ou un legs du vrai propriétaire ;
ainsi l'action *empti* peut être exercée lorsque la vente

de la chose d'autrui n'a pas été suivie de tradition et que le vrai propriétaire revendique la chose entre les mains du vendeur. Ainsi encore l'action *empti* est donnée à l'acheteur lorsque l'éviction porte non sur la chose principale, mais sur un de ses produits ou l'un de ses accessoires.

Une question délicate et controversée est celle de savoir si l'action *empti* s'applique dans une hypothèse de *datio in solutum* ; voici l'espèce : *Primus* est débiteur de *Secundus* d'une somme d'argent (100 sesterces, par exemple), cette dette étant garantie par une hypothèque ou une caution. En guise de paiement le débiteur donne un cheval à son créancier, c'est une *datio in solutum*, puis le cheval est évincé dans les mains du créancier *Secundus*; quelle action *Secundus* aura-t-il contre *Primus*, l'action de la promesse originaire, c'est-à-dire l'action *ex stipulatu*, ou bien l'action *empti* née de la *datio in solutum* considérée comme vente?

L'intérêt de la question tient à ce que, si l'on admet que *Secundus* a droit à l'action *ex stipulatu* née de la promesse originaire, il pourra l'exercer contre le créancier hypothécaire ou les cautions. Si l'action *ex stipulatu* est éteinte, l'action *empti* n'aura d'effet que vis-à-vis de *Primus.* Un autre intérêt tient au résultat qui diffère suivant que l'on admet l'une ou l'autre action. Par l'action *ex stipulatu Secundus* obtiendra le prix de la promesse originaire (100 sesterces), par l'action *empti* il obtiendra réparation du préjudice causé, c'est-à-dire la valeur du cheval au moment de l'éviction.

Marcien (1) et Paul (2) disent que *Secundus* dans l'espèce conservera l'action née de sa créance primitive, c'est-à-dire l'action *ex stipulatu*; leur opinion se trouve confirmée par une constitution de Dioclétien et Maximien au Code (3).

D'autres auteurs, dont Ulpien, décident que la créance primitive est éteinte et qu'il y a lieu à l'action *empti* donnée *utilitatis causa* (4). Cette opinion est aussi confirmée par la constitution 4 au Code, liv. 8, t. 45.

Pour concilier ces deux séries de textes contradictoires, plusieurs systèmes ont été proposés.

Un premier système (5) remarque que dans l'espèce *Secundus*, qui a reçu une chose en *datio in solutum* d'une dette *ex stipulatu*, a intérêt en cas d'éviction à exercer l'une ou l'autre action. Si le débiteur est insolvable *Secundus* exercera l'action *ex stipulatu* qui lui permet d'atteindre les créanciers hypothécaires et les cautions. Si le débiteur est solvable *Secundus* exercera l'action *empti* qui lui permet d'obtenir réparation du préjudice causé.

Certains auteurs voudraient même (6) que le créan-

(1) Loi 46, D., *de solut.*, liv. 46, t. 3.
(2) Loi 98, D., liv. 46, t. 3.
(3) Loi 8, liv. 7, t. 45.
(4) Loi 21, *de pign. act.*
(5) Molitor, t. II, n° 389).
(6) Labbé, *Revue pratique*, 1855, t. 19, p. 558.

cier *Secundus* puisse cumuler l'action *ex stipulatu* et l'action *empti*; *Secundus*, dit-on, a droit aux deux actions : à l'action *ex stipulatu* à raison du paiement qui ayant été mal fait laisse intacte l'obligation primitive ; à l'action *empti* qui résulte de la garantie née de l'éviction. On objecte avec raison que *Secundus* agira contre *Primus* en qualité de créancier et il aura l'action *ex stipulatu*, ou en qualité d'acheteur et il aura l'action *empti*, mais il ne saurait avoir les deux à la fois. L'objection que l'on . peut faire à ces deux précédents systèmes est que les textes à concilier ne supposent en rien que le créancier *Secundus* ait ainsi le choix entre l'action *ex stipulatu* et l'action *empti*, ni qu'il puisse les cumuler. Chacun de ces textes semble affirmer qu'il n'y a lieu qu'à une seule action et que cette action est toujours pour certains jurisconsultes l'action *ex stipulatu* et pour certains autres l'action *empti*.

Mieux vaut ne pas chercher à concilier ces textes et simplement en rechercher l'explication au moyen de considérations historiques. A ce point de vue on peut dire avec quelque vraisemblance que ces textes s'expliquent par les théories contraires que professaient les Sabiniens et les Proculiens.

Les Sabiniens admettaient que la *datio in solutum* était un paiement et opérait *ipso jure*, or le paiement n'est valable que si la propriété de l'objet donné en paiement est transférée au créancier. Il en est de même de la *datio in solutum*, le créancier étant évincé de l'objet donné en paiement, ce paiement est réputé n'avoir pas eu lieu et la promesse primitive renaît, l'action *ex stipulatu* est dès lors recevable (1).

Les Proculiens au contraire admettaient que la *datio in solutum* était une vente et opérait *exceptionis ope*, dans ce cas il y avait lieu seulement à l'action *empti* (2).

Citons pour mémoire l'opinion de Cujas qui, pour concilier les textes en question, distinguait suivant que la promesse primitive avait ou non pour objet une somme d'argent. Dans ce premier cas seulement, il y avait vente et seulement alors le créancier avait l'action *empti*. L'opinion de Cujas n'a pas prévalu, la distinction qu'il propose ne se retrouvant pas dans les textes.

En résumé la sphère d'application de l'action *empti* est beaucoup plus large que celle de l'action *ex stipulatu*. Non seulement l'action *empti* s'applique dans la vente sous des conditions très larges, mais elle s'applique même en dehors de la vente dans la *datio in solutum* qui donne lieu à la garantie. La garantie s'applique du reste à tous les contrats à titre onéreux, tels que l'échange, le partage, le louage, le gage, la transaction. Mais dans tous ces cas, la garantie sera sanctionnée non par l'action *empti*, mais par des actions propres à ces différents contrats.

(1) Lois 46 et 98, Dig., liv. 46, t. 3.
(2) L. 24, D., *de pign. act.*, Ulpien.

B. — *Des effets de l'action* empti.

« *In bonæ fidei judiciis*, dit Justinien (1), *libera potestas permitti videtur judici ex æquo et bono æstimandi quantum actori restitui debeat* ».

Le juge dans les actions de bonne foi doit juger *ex æquo et bono* et accorder au demandeur, s'il lui donne raison, réparation du préjudice causé. Or le principe qui régit l'action *empti* en matière d'éviction est que l'acheteur a droit d'être indemnisé jusqu'à concurrence de l'intérêt qu'il avait à ne pas être évincé.

Nous étudierons les effets de l'action *empti* relativement à l'éviction totale et relativement à l'éviction partielle.

I. — Cas où l'éviction est totale.

En cas d'éviction totale l'acheteur a droit à la valeur de la chose alors même que celle-ci a depuis la vente augmenté de valeur. Toutefois si cette augmentation de valeur est par trop considérable et résulte de causes exceptionnelles, qu'on ne pouvait prévoir au moment du contrat, le juge a un pouvoir d'appréciation et pourrait ne pas accorder à l'acheteur toute la valeur de la chose au moment de l'éviction.

Telles étaient les règles en cas de plus-value de la chose vendue. Justinien vint y apporter une grave modification en décidant qu'en cas de plus-value de la

(1) Inst., liv. IV, t. 6, § 30.

chose le vendeur ne pourrait jamais être condamné à plus du double du prix.

Une question discutée est celle de savoir si l'acheteur a toujours droit à la restitution du prix en cas de moins-value de la chose, ou bien s'il n'aurait droit qu'à la valeur de cette chose.

En droit français la question ne fait pas de doute, le vendeur en vendant la chose d'autrui a fait un acte nul, il détient le prix sans juste cause. Dès lors il doit le rendre et c'est ainsi que décide l'article 1631. Sous l'empire du droit romain la solution ne devrait pas non plus être douteuse, mais en sens inverse. En effet le vendeur romain n'est tenu qu'à *præstare possessionem*. Dès que l'obligation de fournir la possession est exécutée, le vendeur garde le prix en vertu d'une juste cause et ne doit pas être obligé de le rendre. D'ailleurs la chose est aux risques de l'acheteur. il doit en supporter les moins-values comme les plus-values, *commoda et incommoda* disent les textes. Si donc au moment de l'éviction la chose a une moindre valeur qu'au moment de la vente, c'est cette valeur seulement et non le prix qui doit être restituée à l'acheteur. Cependant Dumoulin et Pothier ont soutenu qu'en cas de moins-value survenue à la chose sujette à éviction, l'acheteur aura droit au prix. Le prix serait en cas d'éviction le minimum de restitution accordé à l'acheteur. Pour le prouver ces auteurs s'appuient d'abord sur la loi 43 au Digeste, *act. empti*, livre 19, titre 1, qui dit « *empti judicium non pretium continet tantum sed omne quod interest emptoris non evinci* », ensuite sur la loi 70 au Digeste, *de evict.*, livre 21, titre II, qui dit « *evicta re ex empto actio non ad pretium duntaxat recipiendum sed ad id quod interest competit* » et l'on remarque que ces textes accordent toujours au moins le prix à l'acheteur.

Ces textes sont loin d'avoir la portée que leur donnent Pothier et Dumoulin (1), car rien ne prouve qu'ils se placent dans le cas où la chose a subi une moins-value. Ils disent d'une façon générale que l'acheteur a droit au prix ou bien à la réparation du préjudice causé et le bon sens ajoute « lorsque le préjudice est supérieur au prix » ; ce qui le prouve c'est que la loi 70 *de evictionibus* elle-même ajoute « *ergo et si minoris esse cœpit damnum emptori erit* », s'il y a diminution l'acheteur aura droit à la réparation du dommage seulement. Cette dernière solution ne fait pour nous aucun doute, elle se trouve d'ailleurs fortifiée par d'autres textes : la loi 66 *de evictionibus* qui pose la règle « *quod periit damnum emptori non venditori attulit* » ; la loi 8, Dig., liv. 18, t. 4, qui donne la même solution dans une hypothèse d'hérédité ; enfin la constitution 23 au Code (8-45) qui dit *notum est quanti tua interest rem evictam non esse teneri (venditorem) non quantum pretii nomine dedisti.*

II. — En cas d'éviction partielle les règles sont fort simples : d'abord s'il s'agit d'une servitude nous distin-

_____

(1) *Loc. cit.*

guerons suivant que la servitude existe au profit ou à la charge du fonds vendu.

Si la servitude existe à la charge du fonds à l'insu de l'acheteur et qu'après la vente le propriétaire du fonds dominant veuille l'exercer, l'acheteur aura un recours en garantie contre son vendeur, recours basé sur l'intérêt qu'a l'acheteur à ne pas supporter la servitude.

Si la servitude existe au profit du fonds et que l'acheteur en soit évincé, le recours en garantie sera basé sur l'intérêt qu'a l'acheteur à continuer d'exercer la servitude (1).

Dans ces deux cas et suivant la base que nous avons établie, l'acheteur aura droit au préjudice causé.

S'il s'agit d'une partie du fonds nous distinguerons suivant que l'éviction porte sur une part indivise ou divise de ce fonds.

Si l'éviction porte sur une part indivise, pour apprécier le préjudice causé à l'acheteur on évalue la valeur totale de l'immeuble et jusqu'à concurrence de quelle somme la part évincée peut être comprise dans cette valeur totale, c'est la somme ainsi obtenue que l'acheteur pourra réclamer par voie de garantie (2).

Si l'éviction porte sur une part divise on évalue cette partie elle-même indépendamment de la valeur totale de l'immeuble et l'acheteur a droit à la somme ainsi obtenue.

(1) L. 15, § 1, D., liv. 21, t. 2.
(2) L. 1, D., liv. 21, t. 2.

APPENDICE

DE LA CESSATION DE LA GARANTIE.

Les Romains admettaient que la garantie pouvait être écartée par une convention spéciale, visant certaines hypothèses, ou générale, comprenant tous les cas d'éviction.

Dans la loi 11, § 8, au Digeste, XIX, 1, Ulpien rapporte une discussion de Nératius. Celui-ci suppose que le vendeur a stipulé qu'il ne fournirait rien en cas d'éviction : c'est bien là une clause de non garantie, aussi expresse que possible. Dans cette hypothèse, dit Nératius, le prix sera néanmoins restitué à l'acheteur, mais on ne lui devra pas de dommages-intérêts supplémentaires.

Ainsi l'effet de la clause de non garantie est assez limité. C'est que cette convention serait contraire à la bonne foi si elle permettait au vendeur de garder le prix malgré l'éviction.

Il n'y aurait qu'un moyen, ajoute l'auteur, de permettre au vendeur de conserver le prix : ce serait d'assimiler cette vente à une convention aléatoire, comme la vente du produit d'une chasse à faire ou d'un coup de filet non encore jeté ; mais cette assimilation n'est pas possible.

Mais, ajoute Ulpien, si la vente a été faite de mauvaise

foi du côté du vendeur, celui-ci sera responsable à raison de son dol par l'action *empti* ; non seulement le prix sera restitué, mais des dommages-intérêts supplémentaires seront en outre dus à l'acheteur.

Aujourd'hui, on prétend que l'opinion de Nératius était isolée et qu'Ulpien la rapporte en la condamnant.

Les mots « *in supra scriptis contra erit dicendum* » auraient été ajoutés par Ulpien qui aurait dit alors : « Je suis d'un avis contraire ». Nous croyons au contraire qu'ils sont de Nératius et veulent dire : « ce qui ne peut être dit des conventions ci-dessus » (ventes faites sans garantie).

Ainsi pour décider de l'effet des clauses de non garantie, il y a lieu de distinguer. Le vendeur a-t-il été de mauvaise foi ? La clause ne lui sert à rien et l'action *ex empto* le rend responsable de tout le dommage subi par l'acheteur. A-t-il été de bonne foi ? Il doit restituer le prix, mais la convention spéciale l'exonère de dommages-intérêts supplémentaires.

Mais il existe une classe particulière de vendeurs pour lesquels la clause de non garantie a un effet complet, et pour lesquels même cette clause est sous-entendue : il s'agit des créanciers gagistes qui réalisent leur gage en cas de non paiement.

Papinien (1) ne considère pas ici comme contraire à la bonne foi la clause par laquelle le vendeur se réserve de conserver le prix, ou de le toucher malgré l'éviction.

_____

(1) L. 68, pr., *de evictionibus*, liv. 21, t. 2.

« L'acheteur, dit-il, n'a aucune exception pour se dispenser de payer le prix », on parle d'exception parce que le prix a été stipulé.

C'est que la vente a été faite par un créancier gagiste. Ulpien exprime d'ailleurs la même idée.

Ulpien (1) vient de parler de la clause par laquelle le vendeur s'exonère de la garantie. La clause est respectée si le vendeur est de bonne foi; sinon, il sera tenu de l'action *empti*.

Ulpien trouve exacte la solution de Julien d'après laquelle les créanciers gagistes, de plein droit et sans clause spéciale, ne sont tenus à aucune garantie.

Le créancier gagiste n'est pas tenu de rendre le prix; cela a été dit par beaucoup de constitutions impériales.

Mais si le créancier gagiste a commis un dol, il doit rendre le prix : cette hypothèse se réalise quand il a vendu une chose qui ne lui avait pas été donnée en gage, ou qui lui avait été donnée en gage par un non propriétaire, si toutefois ce fait était à sa connaissance.

Le créancier gagiste doit d'ailleurs fournir une *cautio de dolo*, promettre de s'abstenir de dol.

(1) L. 11, § 16, *de actionibus empti et venditi*, liv. 19, t. 1.

DROIT FRANÇAIS

RESPONSABILITÉ CIVILE

DES NOTAIRES

INTRODUCTION

Toute étude sur la responsabilité se heurte à des difficultés de plusieurs sortes. Ces difficultés tiennent soit à la détermination des éléments de l'action en responsabilité, soit à la combinaison de ces éléments juridiques avec des circonstances de fait qui tendent à en modifier la nature.

I. — En premier lieu, la nature et la cause de la responsabilité sont, en bien des cas, incertaines.

Laissant de côté la responsabilité pénale résultant d'un fait qualifié crime, délit ou contravention par la loi, dans laquelle il ne s'agit plus seulement de la réparation pécuniaire d'un préjudice, mais d'une satisfaction exigée par la société, et du châtiment personnel du coupable, et pour nous en tenir à la responsabilité ci-

vile, il faut distinguer selon que celle-ci est délictuelle
(c'est la théorie du délit civil) ou contractuelle.

Le principe de la responsabilité délictuelle est écrit
dans l'article 1382 du Code civil, d'après lequel : « tout
fait quelconque de l'homme qui cause à autrui un dommage oblige celui par la faute duquel il est arrivé à le
réparer ».

Rien de plus simple au premier abord que cette règle
qui consacre un principe d'équité et cependant, il n'est
guère de disposition législative qui ait donné lieu à autant de discussions ; sans doute, il faut, par définition,
pour que la responsabilité soit encourue, qu'un dommage ait été fait à autrui. Mais tout fait dommageable
n'oblige pas son auteur à réparer le préjudice qui en est
résulté ; si j'élève sur mon terrain, à la distance régle-
mentaire, un mur qui enlève au propriétaire voisin une
vue magnifique, ce dernier éprouve un préjudice certain,
la valeur de son immeuble se trouve diminuée ; cependant il ne peut se plaindre, car aucune faute ne m'est
imputable, j'étais dans mon droit en agissant comme je
l'ai fait.

Il faudra donc soigneusement déterminer les conditions pour qu'il y ait délit civil et cette détermination
soulèvera en droit et en fait de nombreuses difficultés.

La responsabilité n'est en effet pas toujours délictuelle, elle peut être contractuelle. Supposons que les
deux parties en cause étaient primitivement liées par
un contrat ou un quasi-contrat et que le débiteur a

commis une faute dans l'exécution de son obligation. Il en sera responsable, mais ce ne sera plus en vertu de l'article 1382, ce sera en vertu du contrat ou du quasi-contrat primitif. La faute consistera alors dans une violation de la convention originaire qui, aux termes de l'article 1134, est la loi des parties : c'est cette loi particulière que le débiteur a enfreinte et non pas la loi générale en vertu de laquelle tout fait quelconque de l'homme qui cause à autrui un dommage oblige son auteur à le réparer pourvu que ce fait résulte d'une faute caractérisée, indépendamment de tout lien antérieur d'obligation entre l'auteur et la victime du préjudice.

Il y a là deux situations bien distinctes en théorie, mais dans la réalité des faits elles apparaîtront souvent confondues ; et déterminer le caractère contractuel ou délictuel de la responsabilité entraînera souvent de grandes difficultés.

II. — S'il importe de savoir bien nettement la nature de la responsabilité en présence de laquelle on se trouve c'est que de nombreux intérêts pratiques sont attachés à la solution de cette question. Le principal de tous réside dans la façon différente d'apprécier la faute.

Il faut, pour que je sois responsable d'un préjudice causé à autrui, que je sois en faute. — Mais en quoi consistera ma faute ? Suffira-t-il de la moindre négligence, celle que l'homme le plus expérimenté seul aurait évitée dans la conduite de ses affaires, ou bien se montrera-t-on moins sévère et déclarera-t-on que seule la faute lourde, la négligence grave, toute voisine du dol, qui implique un élément intentionnel, devra entrer en ligne de compte ? Entre ces deux extrêmes, faute lourde et faute très légère, il y a place pour la faute légère, celle que n'aurait pas commise un administrateur ordinaire. — Sans entrer dans le détail, rappelons simplement qu'en matière contractuelle le Code civil répudiant dans l'article 1137 la vieille *théorie des trois fautes* qui, du reste, malgré l'opinion de certains interprètes, n'a jamais été admise en droit romain (1), a pris pour règle la faute légère *in abstracto* c'est-à-dire déterminée par la conduite supposée d'un être abstrait ; l'administrateur prudent. — Mais la règle n'est pas générale et l'obligation de veiller à la conservation de la chose est, dit l'article 1137, « plus ou moins étendue, relativement à certains contrats, dont les effets à cet égard sont expliqués dans les titres qui les concernent (2) ». Or, cette doctrine s'appliquera-t-elle en matière délictuelle ? Ne devra-t-on pas être plus sévère que pour la faute contractuelle et tenir compte de la faute même très légère ? Une fois que l'on aura résolu cette question, il faudra se demander si, dans les deux cas, responsabilité contractuelle et responsabilité délictuelle,

---

(1) Voir sur la faute en droit romain : Dig., *de verb. sign.*, l. 213, P. 2, et l. 226, *pro socio*, l. 72, *de probat. et præsump.*, c. 25, pr.; *ad leg. Aquil.*, l. 44.

(2) Voir notamment les articles 804, 1374, 1882, 1927, 1928, 1992, p. 2, dans lesquels la faute est appréciée tantôt plus rigoureusement, tantôt moins sévèrement que de droit commun. V. art. 1147, C. civ.

il faudra tenir compte des mêmes dommages, si l'on ne devra pas négliger les conséquences préjudiciables de la faute qui n'auraient pu être prévues au moment où le fait s'est produit ou bien quand le contrat s'est formé, pour s'attacher uniquement aux conséquences directes et immédiates. — Il faudra enfin résoudre la question de preuve. En matière contractuelle, c'est au débiteur à prouver qu'il n'est pas en faute, mais que décider en matière de faute délictuelle?

Toutes ces difficultés, nous les trouverons au seuil de notre étude sur la responsabilité civile des notaires. Celle-ci, en effet, n'est pas envisagée par tous les auteurs de la même façon. On pense généralement qu'elle prend naissance dans un délit ou un quasi-délit; mais il est des auteurs qui sont d'un avis contraire et regardent le notaire comme responsable à raison d'un contrat ou d'un quasi-contrat; il nous faudra dès le début prendre parti sur cette controverse et tirer toutes les conséquences découlant de l'opinion que nous aurons adoptée.

III. — Il est enfin une source de difficultés qui joue un grand rôle dans une étude sur la responsabilité, c'est le mélange des questions de fait et des questions de droit; les deux ordres d'idées se mêlent la plupart du temps dans les motifs des arrêts statuant sur des actions en responsabilité. En pareille matière, le fait domine jusqu'à un certain point le droit. — Un dommage a été causé à autrui par ma faute, mais ma faute doit-elle seule entrer en ligne de compte, quelle part faudra-il attribuer à telle ou telle autre circonstance qui ne dépend pas de moi ; et si un tribunal me déclare non responsable, faudra-t-il dire que je n'étais pas en faute, ou que ma faute n'était légalement pas suffisante ?

Une telle conclusion serait prématurée ; il faudra voir, si telle considération de fait n'a pas plutôt impressionné les juges au point qu'elle est devenue pour eux la raison dominante pour laquelle ils ont jugé en un sens plutôt que dans l'autre. — Et cela est vrai surtout en matière de responsabilité notariale. — Là, plus qu'ailleurs, on risque de se laisser dominer par des considérations de fait, et de négliger le point de vue juridique.

D'un côté les notaires se plaignent que l'aggravation exagérée de la responsabilité notariale cause la ruine de beaucoup d'officiers ministériels et entretient chez les autres une inquiétude perpétuelle, nuisible au bon fonctionnement de l'institution.

Le notaire, disent-ils, ne se charge qu'à bon escient des affaires qu'on lui confie, avec la certitude qu'aucun désagrément ne pourra en résulter pour lui ; préoccupé avant tout de la responsabilité qui pèse sur lui, les intérêts de ses clients sont pour lui d'ordre tout à fait secondaire. Aussi la sévérité des tribunaux n'est-elle pas tout entière à l'avantage du public que l'on veut protéger contre l'impéritie, la légèreté ou même l'indélicatesse de l'officier ministériel.

Il est de plus à craindre que les affaires dont un notaire prudent a refusé de se charger en raison de la responsabilité qu'il aurait assumée ne soient confiées à un de ses confrères peu scrupuleux et désireux avant tout d'augmenter les produits de son étude.

Par contre, beaucoup d'autres personnes approuvent la sévérité de la jurisprudence parce qu'elles songent surtout aux intérêts du public. Le notaire se présente au public comme un jurisconsulte éclairé et un habile praticien, unissant à une connaissance approfondie du droit la longue pratique des affaires ; aussi les clients sont-ils tout disposés à avoir en lui une confiance presque aveugle.

D'autre part, les clients sont le plus souvent des gens inexpérimentés, n'ayant qu'une notion fort vague des lois qui doivent régir leurs conventions. Ils se jugent incapables de rédiger un acte valable : c'est pour cette raison qu'ils viennent trouver un officier ministériel.

Il semble assez naturel de faire peser sur celui-ci une responsabilité en rapport avec l'importance de la mission que la loi et les usages lui ont attribuée. Enfin les bénéfices considérables de certaines études semblent justifier la rigueur des tribunaux. Si la responsabilité des notaires était très restreinte, leurs gains paraîtraient exorbitants ; ils ne peuvent les faire excuser qu'en se soumettant à des obligations tout particulièrement sévères et étroites.

Présentée sous cette forme, la question n'a rien de juridique ; elle se réduit à des accumulations de faits, à

une lutte entre les partisans du notariat et ses adversai-
res, à des discussions vagues dénuées de tout caractère
scientifique. Il faut être plus précis ; c'est ce que nous
allons essayer de faire en indiquant l'antinomie qui
n'est pas une des moindres difficultés de notre matière.

PREMIÈRE IDÉE. — *La responsabilité de droit commun doit être aggravée pour le notaire.* C'est, dit-on,
l'esprit même de la loi. Tout individu qui se charge des
affaires d'autrui est responsable du préjudice causé par
sa faute *même très légère.* C'est le cas de l'architecte qui
a construit une maison (voir sur ce point l'article 1792),
il répond de la solidité de l'édifice, sauf bien entendu
des cas fortuits ou de force majeure (incendie, inonda-
tion, tremblements de terre), ce sera le cas du notaire
qui s'est chargé de dresser un acte tout comme l'architecte s'est chargé de bâtir ; si l'acte *s'écroule,* le notaire
en sera responsable dans la même mesure que tout autre
individu qui prête à autrui son concours intéressé.

Le notaire, sans doute, n'est pas un loueur de services ordinaire puisqu'il a qualité d'officier public, mais
cette qualité n'atténue pas sa responsabilité ; bien au
contraire, elle lui donne une présomption d'expérience,
elle lui confère un monopole. Les particuliers ne peuvent s'adresser à un autre qu'à lui (1) et doivent, par
conséquent, être plus protégés que si leur choix avait
été libre ; de plus le ministère du notaire n'est pas prêté
gratuitement ; les honoraires qu'il reçoit justifient sa

_____

(1) Loi du 25 ventôse an XI, art. 1.

responsabilité, car ils sont l'équivalent juridique du
salaire que touche un loueur de services quelconque, un
architecte par exemple, avec cette différence que le particulier est de par la loi forcé de recourir au notaire pour
faire dresser un acte tandis qu'il peut légalement se
passer d'architecte pour bâtir une maison.

DEUXIÈME IDÉE. — *La responsabilité de droit commun doit être atténuée pour le notaire.* C'est qu'en effet,
si le notaire a un monopole, ce monopole lui impose
une obligation qui est justement la contre-partie du
droit à lui conféré.

C'est ce qu'indiquait de Ferrière (1) dans les termes
suivants : « On tient qu'on peut contraindre un notaire
de recevoir un acte. La raison est qu'il est personne
publique et qu'il était en son pouvoir d'accepter ou de
répudier l'office de notaire ; mais sitôt qu'il l'a accepté
et qu'il en est revêtu, il ne lui est pas permis de refuser
son ministère. Il doit faire les fonctions de sa charge
pour tous ceux qui l'en requièrent ».

C'est ce que dit la loi du 25 ventôse an XI dans son
article 3 : « Ils sont tenus de prêter leur ministère lorsqu'ils en sont requis ». Et c'est justement pour cela,
dit-on, c'est parce que le notaire est un officier public,
ne pouvant refuser son ministère, qu'il est impossible
de le déclarer responsable de la nullité ou de l'ineffica-
cité de tous les actes qu'il est forcé de recevoir. On ne
peut en effet dire qu'une personne répond de ce qu'elle

(1) De Ferrière, *Parfait notaire*, liv. I, chap. 16.

n'a pas fait ; or d'après la loi fondamentale du notariat, le notaire n'est pour rien dans la confection de l'acte, son rôle est de le prendre tel qu'il est et de lui conférer l'authenticité (1). Dès lors l'assimilation avec le loueur de services ordinaire n'est plus possible. Déclarer le notaire responsable des vices d'un acte (autres que ceux qui se rattachent à l'authenticité), c'est déclarer un architecte responsable des vices d'une construction dont il n'a pas donné les plans. De fait, comprend-on qu'il soit possible à un notaire obligé d'authentiquer un acte, de prévoir non seulement les questions de droit qui se peuvent soulever à propos de cet acte (questions sur la solution desquelles hésitent peut-être et la jurisprudence et la doctrine), mais encore des questions de fait qui souvent sont impossibles à vérifier ?

Telle est la double face sous laquelle apparait la question de la responsabilité civile des notaires.

Comment résoudre la difficulté ?

A vrai dire, l'antinomie dont nous parlions plus haut n'est qu'apparente ; les deux thèses ont chacune un champ d'application différent, dans les limites duquel elles sont chacune exactes.

Si on veut les en faire sortir et transformer chacune d'elles en théorie générale, elles sont toutes les deux fausses.

(1) Loi du 25 ventôse an XI, art. 1er. « Les notaires sont les fonctionnaires établis pour recevoir tous les actes et contrats auxquels les parties doivent ou veulent faire donner le caractère d'authenticité attaché aux actes de l'autorité publique... »

Il est en effet une distinction essentielle qui s'impose, parce que l'intervention des notaires peut se produire dans deux ordres de conditions bien différentes. Analysons les deux situations extrêmes dans lesquelles ces conditions peuvent se rencontrer, à part l'une de l'autre.

Première situation. — La qualité d'officier public du notaire ne le rend pas incapable de s'occuper des intérêts d'autrui. Il peut être mandataire, gérant d'affaires, il peut gérer la fortune, administrer les biens, placer les capitaux de ses clients ; le notaire peut ne pas se contenter de dresser des contrats de vente ou des actes d'obligation constitutifs d'hypothèque, il peut mettre en rapport vendeur et acheteur, prêteur et emprunteur.

Dès lors la responsabilité du notaire n'est plus régie exclusivement par la loi spéciale du notariat. Le notaire n'est plus seulement un officier public ; il devient le mandataire, le gérant d'affaires de ses clients, sa qualité d'officier public n'est pas en cause, aussi les règles du Code civil sur le mandat et la gestion d'affaires sont-elles applicables à cette situation.

La responsabilité du notaire ne sera ni plus ni moins étendue que la responsabilité d'un mandataire ou d'un gérant d'affaires ordinaire, et ne sera pas atténuée par ce fait que le mandataire ou le gérant d'affaires étant en outre notaire a fait lui-même les actes. Le personnage de l'officier ministériel est comme scindé en deux personnes distinctes, d'un côté le notaire, de l'autre celui qui fait l'affaire d'autrui, le premier est responsable en tant que notaire, c'est-à-dire professionnellement, le second est responsable en dehors de toute considération professionnelle, comme mandataire ou gérant d'affaires.

Deuxième situation. — À l'opposé, le notaire peut n'agir qu'en tant que notaire, se borner à dresser un acte dont les parties ont arrêté par avance les clauses et les termes. Son rôle alors sera unique ; il se bornera à attester la sincérité des signatures et des déclarations des contractants, en un mot, à donner l'authenticité. Or pour donner l'authenticité à un acte, le notaire n'a théoriquement ni à discuter, ni à critiquer, ni à modifier cet acte, il n'a qu'à se conformer aux prescriptions (1) que la loi lui impose à titre d'officier public. Sa responsabilité ne peut donc être engagée seulement que s'il a manqué à ces prescriptions ; elle sera en ce cas exclusivement professionnelle. Nous sommes ainsi amené à distinguer deux sortes de responsabilités :

L'une, que nous appellerons professionnelle, est intimement liée à la qualité de notaire ; cet officier ministériel y est seul exposé, elle ne prend naissance qu'en raison d'un manquement aux obligations professionnelles, c'est-à-dire aux prescriptions spéciales imposées aux notaires par la loi qui a réglementé l'exercice de leur ministère.

L'autre, que nous appellerons responsabilité extra-

---

(1) Sur ces prescriptions, voir les articles 6, 8, 9, 10, 11, 20, 52, 64, 65, 66, 67 de la loi du 25 ventôse an XI, c. p. 2, art. 68 de la même loi.

professionnelle, est au contraire parfaitement distincte de l'exercice des fonctions notariales, en théorie du moins, c'est la responsabilité qui peut atteindre une personne quelconque et non pas seulement un notaire. Le notaire y est exposé quand il s'est chargé d'un mandat, comme toute personne y est exposée quand elle se soumet aux obligations imposées par le Code civil au mandataire.

Ces deux sortes de responsabilités diffèrent à plusieurs points de vue.

Tout d'abord, leur cause est différente. La responsabilité extra-professionnelle dérive du contrat de mandat ou du quasi-contrat de gestion d'affaires dans lequel le notaire s'est engagé, elle est donc contractuelle.

La responsabilité professionnelle est au contraire délictuelle ; elle a sa source dans l'article 1382 du Code civil, car nous démontrerons que le notaire en tant qu'officier public n'est lié envers les tiers qui l'actionnent en responsabilité par aucun contrat ou quasi-contrat.

Les deux responsabilités diffèrent en second lieu par leur étendue.

La responsabilité extra-professionnelle est exclusivement régie par le Code civil ; elle comprend la réparation de tout le préjudice causé, sans que le juge puisse faire varier le montant des dommages-intérêts selon le degré de culpabilité de l'auteur du fait dommageable : c'est le droit commun.

7

Nous démontrerons au contraire que la responsabilité professionnelle comporte une atténuation fort importante, résultant des mots « s'il y a lieu » de l'article 68 de la loi de ventôse ainsi conçu :

« Tout acte fait en contravention aux dispositions contenues aux articles 6, 8, 9....., est nul s'il n'est pas revêtu de la signature de toutes les parties ; et lorsque l'acte sera revêtu de la signature de toutes les parties contractantes, il ne vaudra que comme écrit sous signature privée : sauf, dans les deux cas, *s'il y a lieu*, les dommages-intérêts contre le notaire contrevenant ». *S'il y a lieu*, dit la loi.

Il est donc permis au juge de déclarer que, malgré la contravention aux articles 6, 8, 9, etc., *il n'y a pas lieu* à condamner le notaire à payer des dommages-intérêts. Telle est du moins l'opinion que nous croyons être la bonne, comme nous essaierons de le démontrer dans le cours de cette étude.

La raison de cette atténuation, c'est, ainsi que nous l'avons dit déjà, que le ministère du notaire est obligatoire et pour les parties et pour le notaire (Loi de ventôse an XI, art. 3) (1) ; c'est que l'officier ministériel pouvant être contraint de recevoir les actes les plus équivoques, les plus compliqués, les plus obscurs, sans

(1) Beaucoup d'auteurs restreignent il est vrai, la portée de l'article 3 de la loi de ventôse. Le notaire, disent-ils, doit refuser son ministère quand on le requiert de dresser un acte en violation de la loi. Nous renvoyons l'examen de cette théorie ; mais, quelque parti qu'on prenne, le principe n'en est pas moins certain.

avoir à les discuter, à s'enquérir de leur but, de leurs effets, sans connaître l'affaire à laquelle ils se ratta- chent, il serait exceptionnellement rigoureux de le déclarer responsable de tout le préjudice qu'il n'a pu prévoir, alors que peut-être ce préjudice qu'on vou.drait lui imputer à faute a été amené par la faute des parties elles-mêmes. Il est donc juste de laisser en cette matière, où les considérations de fait et les circonstances jouent un si grand rôle, un plein pouvoir d'appréciation au juge. C'est là du reste l'application de l'idée d'après laquelle il y a lieu de distinguer entre la violation d'un devoir général, existant à la charge de toute personne, et l'accomplissement imparfait des actes d'une fonction publique, que son titulaire ne peut refuser de remplir.

C'est ainsi que l'article 4 du Code civil prévoit et que l'article 185 du Code pénal punit le déni de justice de la part d'un magistrat. Mais comme corollaire l'article 505 du Code de procédure civile, relatif à la prise à partie, apporte à la responsabilité du juge une atténuation ana- logue à celle que la loi de ventôse apporte à la respon- sabilité des notaires, en déclarant que la responsabilité du juge n'existe que dans les cas expressément prévus par la loi (1).

C'est ainsi encore que d'après la loi du 4 juin 1869 sur le transport par la poste des valeurs déclarées mo- difiée par la loi du 25 janvier 1873 : « l'administration

---

(1) Pr. civ., art. 505. Les juges peuvent être pris à partie... 3° Si la loi déclare les juges responsables à titre de dommages-intérêts.

des postes est responsable jusqu'à concurrence de 1000 francs, et sauf le cas de perte par force majeure, des valeurs insérées dans les lettres... » Ici encore la responsabilité est atténuée et un maximum de garantie est fixé par la loi, parce que l'administration des postes ne peut vérifier la sincérité des déclarations qui lui sont faites.

Nous venons de distinguer aussi nettement qu'il nous a été possible de le faire les deux sortes de responsabilités pouvant atteindre le notaire. L'une, la responsabilité professionnelle, inséparable de l'exercice des fonctions du notaire et spéciale à cet officier ministériel, l'autre au contraire commune à tout mandataire ou gérant d'affaires.

Il semble dès lors que notre travail devrait se borner aux deux points suivants :

1° Étudier les règles dont la loi notariale impose aux notaires l'observation à peine de nullité : car la responsabilité professionnelle ne peut se trouver engagée que par un manquement aux obligations imposées par la loi aux notaires ;

2° Justifier l'atténuation résultant des mots « s'il y a lieu » de l'article 68 cité plus haut.

L'étude de la responsabilité civile des notaires, en effet, ne devrait pas comprendre la responsabilité extra-professionnelle ; celle-ci relève du droit commun ; le simple renvoi aux règles du Code civil sur le mandat et la gestion d'affaires paraîtrait donc s'imposer. Cependant,

notre travail limité à l'étude de ces deux questions serait
incomplet, et nous devrons nous occuper aussi de la
responsabilité extra-professionnelle. C'est que la distinction entre les deux rôles différents que peut jouer le
notaire est bien plus théorique que pratique ; dans la
plupart des cas, les deux personnages se confondent ou
tout au moins influent considérablement l'un sur l'autre ; le plus souvent, le notaire, sans être au préalable le
mandataire ou le gérant d'affaires des parties, ne se
borne pas, quand il reçoit l'acte, au rôle en quelque sorte
passif d'officier public chargé de donner l'authenticité ;
il intervient dans la convention, il en rédige les clauses,
donne des conseils, prend quelquefois l'initiative de
l'acte.

Tous ces faits constituent-ils le notaire mandataire
ou gérant d'affaires de ses clients ?

A quelles conditions peut-on reconnaître l'existence
du mandat ou de la gestion d'affaires ? Ces circonstances entraînent-elles une aggravation de la responsabilité
et dans quelle mesure cette responsabilité est-elle aggravée ? Autant de questions que nous aurons à résoudre.

Or sans préjuger la solution de ces difficultés, bornons-nous à dire ici que sur tous ces points, la jurisprudence se montre excessive. Par cela seul qu'un notaire instrumente, semblent dire les arrêts, il devra être
présumé le mandataire ou le gérant d'affaires tacite des
parties, et par conséquent, si l'acte est entaché de nul-

lité il sera responsable de tout le préjudice, quelle que
soit la cause de cette nullité, qu'elle provienne d'une
faute professionnelle du notaire ou de tout autre fait
qui pourrait faire déclarer un mandataire ordinaire responsable.

Il nous paraît difficile d'admettre une pareille théorie,
qui, nous le verrons, a pour base une présomption sans
fondement sérieux ; car il est impossible de trouver
dans les fonctions propres du notaire la base d'une gestion d'affaires ou d'un mandat, et la jurisprudence en
est réduite à faire résulter ce mandat ou cette gestion
d'affaires de faits particuliers, de circonstances qu'elle
déclare être une preuve suffisante du contrat tacite ou
du quasi-contrat. Mais dans bien des cas ces circonstances se trouveront faire défaut, le plus souvent il ne
s'agira que de simples conseils insuffisants pour étayer
une présomption qu'aucun texte ne crée.

La discussion même de cette question nous forcera
donc à élargir le cadre de cette étude, à parler d'autres
obligations que des obligations purement professionnelles du notaire, édictées par la loi de l'an XI.

Nous diviserons notre travail en deux parties :

Dans la première, nous traiterons de la responsabilité
professionnelle, en nous attachant surtout à développer
et à analyser les principes de droit, sans entrer dans
les détails d'application. Dans la seconde, nous étudierons la responsabilité extra-professionnelle : nous nous

étendrons surtout sur la preuve du mandat ou de la gestion d'affaires et nous critiquerons la sévérité de certains arrêts qui regardent comme formant une preuve suffisante des présomptions vagues et des faits sans portée précise.

PREMIÈRE PARTIE

RESPONSABILITÉ PROFESSIONNELLE.

———

Cette première partie comprend l'étude de la responsabilité encourue par le notaire dans l'exercice de ses fonctions et en l'absence de tout mandat étranger à cet exercice. Nous aurons à analyser les textes législatifs qui posent le principe de cette responsabilité, en énumérant les obligations et les attributions de l'officier ministériel.

Nous diviserons cette étude en trois chapitres :

Dans le 1er nous rechercherons quelle est la nature de la responsabilité qui nous occupe ;

Dans le 2e nous verrons quelle est cette responsabilité d'après la loi de ventôse ;

Et dans le 3e chapitre nous examinerons de quelle extension est susceptible l'article 68 de cette loi ; nous rechercherons si cet article doit être étendu, comme on l'a dit souvent, à tous les cas de responsabilité notariale, ou si au contraire il n'a qu'une portée plus restreinte.

Mais auparavant il convient de jeter un coup d'œil sur

le passé et de suivre à travers les âges le développement
de la responsabilité civile des notaires.

PRÉCÉDENTS HISTORIQUES.

§ 1. — Droit romain.

Les textes du droit romain ne nous fournissent pour
ainsi dire pas d'indications. C'est à peine si nous trouvons un passage relatif à notre sujet dans le Code de
Justinien (1), passage dont les commentateurs ont essayé de tirer quelques règles applicables aux notaires,
mais, ainsi que le fait remarquer M. Bauby (2) dans sa
remarquable étude, il est probable que ce fragment ne
visait que les *tabularii,* c'est-à-dire les scribes qui pré-
sentaient le moins d'analogie avec les notaires moder-
nes. Quant aux tabellions (3) desquels il était difficile
de dire que c'étaient des véritables officiers publics assujettis comme tels à une responsabilité professionnelle
spéciale (4), il est fort probable qu'on leur appliquait le

---

(1) Cod. Just. v. 75, *de magistr. conven.*, const. 6, 1. 1 : « *In quo
casu non curatoris erit ratio reprehendenda si qua læsio rebus minoris illata fuisse adversus legum ordinem comps obetur, sed ruper ne-
gligentia vel dolo scribæ, qui veram substantiæ taxationem passus est
occultari, legibus erit agendum* ».

(2) Bauby, *Traité théorique et pratique de la responsabilité des notaires.* Paris, 1883.

(3) Sur les *tabelliones,* voir Accarias *Traité de droit romain,* t. II, p. 887.

(4) Il faut remarquer que le ministère des tabellions resta jusqu'à la
fin facultatif. V. Rogier, *Étude sur les tabellions,* p. 72.

droit commun. Ils répondaient de leur dol, c'est-à-dire
des manœuvres déloyales pratiquées dans le but de
nuire à leur client, et de leur faute lourde qui dénotait une
négligence complète des intérêts qu'ils étaient chargés
de sauvegarder. Quant à la *culpa levis* on peut avoir
quelques doutes sur la façon dont elle était appréciée :
au fond il est vrai que le tabellion attendait un bénéfice
de l'acte qu'il était chargé de dresser, et conformément
au droit commun la faute aurait dû, dès lors, s'apprécier *in abstracto*. Mais si l'on songe que les tabellions
n'eurent jamais de monopole, on en est amené à les
assimiler au mandataire. Or par suite de l'évolution de
la doctrine romaine, le mandant finit par devenir responsable du préjudice à lui causé par le choix d'un
mandataire négligent, si bien qu'en définitive le tabellion comme tout mandataire semble n'avoir été tenu
que de sa *culpa levis in concreto*, c'est-à-dire de celle
qu'il aurait évitée dans la conduite de ses propres affaires.

§ 2. — Ancien droit.

Au moyen âge, la théorie de la responsabilité civile
eut beaucoup de peine à se dégager ; on envisageait surtout à cette époque la responsabilité pénale en matière
civile, les auteurs se bornent à reconnaître un plein
pouvoir d'appréciation aux tribunaux.

On n'a de renseignements bien précis qu'à partir du
XVI⁰ siècle. — Dès ce moment les auteurs et la juris-

prudence « s'accordèrent pour rendre les notaires,
comme tous ceux dont les services étaient rémunérés
par des honoraires, responsables uniquement, dans leurs
actes, de leur dol et des fautes lourdes qui lui étaient
assimilées, les parties étaient inexorablement déboutées
lorsque la nullité dont elles souffraient provenait de la
négligence ou de l'impéritie (1) ». — La jurisprudence
était favorable aux notaires (2) ; elle ne se montrait
rigoureuse que lorsque l'acte incriminé de nullité inté-
ressait un incapable. L'ordonnance royale du 22 septembre 1822 ne changea rien à cet état de choses.

L'indulgence exagérée des Parlements, amena les pro-
testations des jurisconsultes, notamment celles de Re-
buffe, Brillon, D. Godefroy, Bretonnier. On en vint alors
à distinguer suivant que l'acte est nul parce que les
notaires n'ont pas observé les prescriptions de la loi, auquel cas les notaires sont tenus de dommages-intérêts,
ou qu'au contraire la nullité de l'acte provient, ainsi que
le dit de Ferrière, « de la disposition du droit et des coutumes », auquel cas le notaire n'est responsable que de
sa faute lourde et de son dol (3). En d'autres termes,
c'est aux parties de prendre leurs mesures pour que leurs
conventions soient valables ; le notaire n'intervient que
pour leur donner une forme convenable et l'authenticité.
Il n'est donc responsable que dans cette limite.

(1) Bauby, op. cit., p. 9.
(2) De Ferrière, Parfait notaire, liv. I, ch. 17.
(3) De Ferrière, Parfait notaire, liv. I, ch. 17.

Malgré cette libéralité des Parlements, le notariat s'était maintenu à la hauteur de sa mission, il n'avait rien perdu de son esprit primitif et de sa vieille intégrité.

Le tribun Favart pouvait dire (1) en rapportant le projet qui devint la loi du 25 ventôse an XI :

« Toutes les institutions qui avaient vieilli avec la monarchie ont été détruites ou réformées ; celle du notariat est la seule qui se soit soutenue au milieu des décombres de la Révolution sans avoir été réorganisée ».

A notre époque, où la jurisprudence semble avoir des tendances tout opposées à celles des tribunaux de l'ancien régime, et à aggraver souvent hors de proportion la responsabilité des notaires, il est bon de se rappeler ces paroles, qui, si elles ne constituent pas un argument juridique, contiennent du moins l'enseignement du passé et prouvent que le notariat a su pendant des siècles remplir dignement sa tâche sans qu'il soit besoin de l'y contraindre par des sévérités.

Nous arrivons ainsi à la période actuelle, avec la loi du 25 ventôse an XI (2) qui contient le principe expressément formulé de la responsabilité notariale.

(1) Rolland de Villargues, *Cod. du Not.*, p. 75. — Dalloz, *Rép.* au mot *notaire*, XXXII, p. 581.

2) Le décret du 29 septembre-6 octobre 1791 avait déjà dans l'art. 16, sect. 2, tit. I sinon formulé du moins consacré le principe de cette responsabilité.

CHAPITRE PREMIER

La responsabilité professionnelle des notaires est-elle contractuelle ou délictuelle?

Nous avons vu (Introduction), les intérêts qu'il y a à prendre parti sur cette question. Pour répondre en connaissance de cause, il est indispensable de savoir quelle est la base de cette responsabilité, quel est le principe qui domine toute cette matière.

Or, parmi les auteurs qui ont cherché la solution de ces questions, les uns ont cru trouver la base de la responsabilité notariale dans la loi du 25 ventôse an XI, d'autres dans le Code civil, d'autres enfin, dans le Code civil et la loi de ventôse combinés ensemble.

1er SYSTÈME. — D'après une première opinion, la base de la responsabilité notariale se trouve dans la loi de l'an XI, et en particulier dans l'article 68 de cette loi.

Les notaires sont ainsi soustraits à l'application du droit commun.

Le principal argument de ce système est que la loi spéciale déroge à la loi générale. C'est ce que le droit romain exprimait par la maxime : *specialia generalibus*

derogant (1), justifiée en ces termes par d'Aguesseau (2) :
« Il faut dans chaque genre d'affaires consulter la loi
qui lui est propre ; autrement tout deviendrait incertain,
si l'on voulait pour ainsi dire dépayser les principes »
Or, le Code civil est postérieur à la loi de ventôse, qu'on
peut appeler le Code du notariat, il n'a disposé qu'en
général, sans avoir égard spécialement, dans aucun de
ses articles, à la responsabilité civile des notaires : il
n'a donc pu porter aucune atteinte, aucune modification
aux principes énoncés dans la loi de ventôse.

Mais dans cette loi, tous les cas de responsabilité ne
sont pas prévus : c'est ainsi qu'il n'y est pas parlé de
l'omission des précautions nécessaires pour s'assurer
de l'individualité des parties ; en pareil cas cependant,
la jurisprudence ne manque pas, et avec raison, de
déclarer le notaire responsable du préjudice qu'a pu
entraîner son imprudence.

Dans le silence de la loi de ventôse, on devra recourir, d'après l'opinion que nous exposons en ce moment,
aux principes de l'ancien droit. Or celui-ci, nous l'a-
vons vu, ne déclarait les notaires responsables qu'à raison d'un dol ou d'une faute grossière (3).

C'est en effet, disent les partisans de cette doctrine et

(1) L. 80, Dig., *de diversis regulis juris antiqui.*
(2) Œuvres, t. VIII, Paris, 1754, p. 483.
(3) Dans ce sens : Paul Pont, *Responsabilité notariale*, Revue du Notariat, n° 133, II, p. 5 et 8 ; Pagès, *De la responsabilité des not.*, p. 9-17 ;
Defrénois, *Traité pratique et formulaire général du notariat*, n° 8125.
IV.

particulièrement M. Paul Pont, ce qui résulte des travaux préparatoires des lois de 1791 et de l'an XI où la volonté de maintenir les « anciens principes » apparaît nettement chez le législateur. — On ajoute que la responsabilité est une peine, et en matière notariale une peine de droit public (1), que dès lors elle doit être restreinte aux cas limitativement énumérés par la loi (2) et qu'enfin il importe au bon fonctionnement du notariat que les notaires ne soient pas exposés à des procès incessants, qu'ils soient soustraits au droit commun, et que la responsabilité ordinaire reçoive pour eux une atténuation que justifient pleinement les difficultés de la profession notariale.

Ainsi les auteurs qui préconisent ce système distinguent deux ordres de faits engageant la responsabilité du notaire : violation d'une obligation formellement sanctionnée par des dommages-intérêts, d'une part, et d'autre part, tous les faits de leurs fonctions non spécialement prévus par une disposition de cette nature, dol ou fraude ou faute lourde.

Nous estimons qu'il faut repousser cette première opinion :

Tout d'abord le notaire est bien, comme on le dit, un officier public, mais cela n'empêche pas la responsabilité dont nous nous occupons de demeurer *civile*, car il

---

(1) Pagès, *loc. cit.*, p. 12.
(2) Merlin, *Répertoire* au mot *Notaire*, p. 7, XI ; Mourlon et Jeannest St-Hilaire, *Formulaire, avant-propos*, p. 17.

ne s'agit que de la satisfaction des intérêts privés, ce qui écarte le caractère pénal qu'on voudrait attribuer à cette responsabilité.

Quant à la distinction qu'on veut faire entre les causes de responsabilité prévues et celles non prévues par la loi de l'an XI, elle présente le grave défaut d'être illogique et arbitraire : illogique, car pourquoi établir une différence aussi importante entre deux ordres de faits, peut-être aussi répréhensibles les uns que les autres, en se basant sur une omission qui n'est probablement qu'un oubli involontaire du législateur (1)? On aboutit dans ce système à cette conséquence que telle obligation fondamentale du notaire, comme celle de l'article 3 qui lui impose de prêter son ministère lorsqu'il en est légalement requis, serait dénuée de sanction, car l'article 3 n'est pas compris dans l'énumération de l'article 68, tandis que telle autre moins importante peut-être aura son exécution garantie par des dommages-intérêts parce que l'article 68 renvoie à l'article qui l'édicte.

En second lieu il est arbitraire de dire qu'en présence de l'insuffisance de la loi de ventôse il se faut référer aux principes généraux de l'ancien droit ; ces principes ont été abrogés par le Code civil. Nous croyons bien volontiers que ce dernier n'a pas abrogé la loi du nota-

---

(1) En réalité, ce qui constituerait dans cette opinion une lacune si importante n'a guère préoccupé le législateur, puisqu'il n'a pas songé à la combler. Il est vrai que bien des lois, tout aussi impatiemment attendues, ne sont même pas encore en préparation.

8

riat, mais nous sommes persuadé qu'il a supplanté les principes généraux auxquels ce premier système se réfère.

2ᵉ Système. — Suivant un second système, les articles 1382 et 1383 du Code civil ont abrogé l'article 68 de la loi de ventôse en vertu de cette maxime : *posteriora prioribus derogant*. Les notaires seront donc régis purement et simplement par le droit commun en matière de responsabilité délictuelle.

L'article 68 de la loi de ventôse renvoie formellement au Code civil par sa disposition finale : sauf... *s'il y a lieu*, les dommages-intérêts contre le notaire contrevenant ; *s'il y a lieu* c'est-à-dire si l'on se trouve dans un cas d'application des articles 1382 et 1383 (1).

Nous verrons dans la section deuxième du second chapitre de notre étude, lorsque nous nous occuperons de l'étendue de la responsabilité notariale, que les mots *s'il y a lieu* de l'article 68, se doivent interpréter d'une toute autre manière. Bornons-nous pour le moment à dire que ce second système ne tient aucun compte d'un principe incontestable : *specialia generalibus derogant*. Nous avons en exposant le système précédent suffisamment insisté sur la justification de ce principe, pour qu'il soit inutile d'y revenir.

3ᵉ Système. — Ce système est celui de la jurisprudence actuelle, consacré par la Cour de cassation et suivi, peut-on dire, par tous les tribunaux.

(1) Drouart, *De la responsabilité des notaires*, p. 62-71-77 et 111.

Il consiste dans une combinaison des articles 68 de la loi de ventôse et 1382 et 1383 du Code civil qui subsistent concurremment pour former la base de la responsabilité notariale.

Voici en deux mots quel est le fond de ce système :

1° La responsabilité du notaire est délictuelle ; la base de cette responsabilité se trouve soit dans la loi de ventôse elle-même, pour les cas formellement prévus par l'article 68 de cette loi, soit dans les articles 1382 et 1383 du Code civil pour les cas non visés par la loi de ventôse.

2° En toute hypothèse cette responsabilité délictuelle est gouvernée par les règles particulières édictées par la loi de ventôse. Ces règles consistent à donner au juge un pouvoir souverain d'appréciation en matière de faute. C'est ainsi que la jurisprudence interprète les mots : « s'il y a lieu » de l'article 68 de la loi de ventôse. Le notaire est passible de dommages-intérêts, « s'il y a lieu », c'est-à-dire « si le tribunal estime que la faute commise par le notaire est de nature à engager sa responsabilité ». Ainsi que nous l'avons déjà dit nous examinerons à part les diverses explications qui ont été proposées des mots « s'il y a lieu » ; pour le moment, sans justifier l'interprétation donnée par la jurisprudence, nous voulons simplement montrer la portée qu'elle donne à cette interprétation. Or cette portée est, nous l'avons dit, générale. Non seulement les mots « s'il y a lieu » signifiant « si le tribunal le juge convenable » s'appliqueraient aux cas de responsabilité formellement édictés par la loi de ventôse, mais encore aux cas où cette loi est muette et où la responsabilité du notaire découlera simplement du principe des articles 1382 et 1383. « Il importe en effet, dit M. Bauby (1), de ne jamais perdre de vue, en commentant l'article 68 de la loi de ventôse, une distinction élémentaire néanmoins trop souvent méconnue : c'est que l'énumération de ce texte n'est limitative qu'au point de vue des nullités qu'il prononce, tandis qu'elle est purement énonciative en ce qui concerne la responsabilité. A ce propos, cet article formule un principe destiné à mitiger, en faveur d'une classe déterminée de fonctionnaires, l'application rigoureuse des dispositions générales sur la responsabilité et la dérogation au droit commun qu'il consacre n'en reste pas moins, dans la sphère restreinte pour laquelle elle a été établie, un principe, une règle fondamentale, susceptible d'être étendue par voie d'analogie, sans aucune réserve, dans le droit spécial qu'elle a pour but de réglementer ».

En faveur de cette manière de voir on invoque les travaux préparatoires, qui, nous le verrons, donnent bien aux mots « s'il y a lieu » le sens que lui attribue la jurisprudence.

Pour ce qui est de l'extension de l'article 68 de la loi de ventôse aux cas de responsabilité non prévus par cette loi, on fait remarquer qu'il n'y aurait aucune rai-

_____

(1) Bauby, *op. cit.*, p. 86-37.

son de distinguer entre ces diverses hypothèses. Une telle distinction aboutirait même à ce résultat illogique, que les formalités concernant la validité des actes, c'est-à-dire les plus importantes de toutes et les plus difficiles à omettre, seraient sanctionnées moins sérieusement que les autres. Enfin l'équité commande que dans tous les cas les tribunaux aient une faculté d'appréciation en matière de responsabilité notariale. Il serait, en effet, d'une rigueur excessive d'assimiler, ne fût-ce que dans quelques hypothèses, le notaire qui se trouve mêlé à tout instant à une foule d'actes juridiques et encourt ainsi une responsabilité écrasante, avec le simple particulier pour qui cette responsabilité ne se présente qu'exceptionnellement. « On ne doit point, a dit un auteur (1), faire le procès à la fragilité humaine ; les facultés intellectuelles du notaire peuvent compter dans l'appréciation de sa faute, et il faut prendre en considération la difficulté de son ministère ».

Tel est le système de la jurisprudence (2) ; nous

(1) M. Avignon, *De la resp. civ. des not.*, p. 53.
(2) Voir sur ce système : Demolombe, *Cours de Code Napoléon*, t. XXXI. nos 528, 533 ; Aubry et Rau, *Cours de droit civil français*, t. IV, p. 446 ; Dalloz, *Rép.* Vo *Responsabilité*, no 304 ; Eloy, *De la resp. des not.*, nos 12, 14, 24 ; Mathieu, *Responsabilité civile des notaires*, thèse pour le doctorat. Nancy, 1874, p. 92 ; Welquenart, *Responsabilité civile des notaires*, thèse pour le doctorat. Paris, 1877, p. 98 ; Bellanger, *Responsabilité des notaires*, thèse pour le doctorat. Paris, 1802, p. 141 ; Bauby, *op. cit.*, p. 32 et suiv. — Cass., 27 nov. 1837, S. 37. 1. 915 ; — 27 mars 1839, S. 39. 1, 204 ; — Bordeaux. 27 juin 1839, S. 39. 2. 495 ; — Cass.(req.), 7 juillet 1847, S. 47. 1. 575 ; — Amiens, 9 avril 1856, S. 56. 2. 233 ; — Cass. (req.), 16 août 1865, S. 65. 1. 433 ; — 13 avril 1869, S. 69. 1. 318 ; — 5 fév. 1872,

pensons qu'il doit être adopté avec quelques restrictions
cependant. Mais avant d'indiquer dans quel sens nous
comprenons ces restrictions, il nous faut, continuant
l'exposé des systèmes proposés sur la nature de la responsabilité notariale, étudier maintenant l'opinion des
auteurs qui donnent à cette responsabilité une origine
non plus délictuelle ou quasi-délictuelle mais contractuelle ou quasi-contractuelle.

Ces auteurs font en effet intervenir comme texte fon-
damental l'article 1137 du Code civil qui régit le droit
commun de la faute contractuelle et déclarent les articles 1382 et 1383 étrangers au sujet qui nous occupe.

4ᵉ SYSTÈME. — Un arrêt de la Cour de cassation du
27 janvier 1812 (1) déclara les héritiers qui avaient
chargé un notaire de liquider une succession tenus soli-
dairement du paiement de ses honoraires. « Il en est de ce
cas, disait la Cour, comme de celui où plusieurs ont
promis un salaire au mandataire élu par eux conjointement ». Ce rapprochement auquel la Cour suprême n'attachait peut-être aucune importance doctrinale fut le
point de départ d'une théorie longtemps en faveur en
doctrine et en jurisprudence (2).

Les notaires sont des mandaires, telle fut l'idée que
l'on retint surtout de l'arrêt de 1812. Un autre arrêt de

S. 72. 1. 386 ; — Cass., 19 mai 1885, S. 85. 1. 297 ; — 14 avril 1886, S. 86.
1. 215 ; — 21 décembre 1888, S. 89. 1. 103.
(1) V. D., 12, 1, 216.
(2) V. notamment Cass., 15 nov. 1820, 16 nov. 1822, 20 mai 1829.

la même Cour du 24 juin 1840 (1) dit que le notaire est
le mandataire des parties pour recevoir leurs dispositions. Cette décision fut rendue sur le rapport de Troplong qui défendit cette thèse avec énergie : « Les notaires, dit-il dans sa théorie du mandat n° 227, sont des
mandataires et non pas des locateurs d'ouvrages. Dépo-
sitaires des titres des parties, gardiens de leurs plus
intimes secrets, conseils des familles, ils rendent des
services où la confiance d'une part, le dévouement et
l'amitié de l'autre tiennent une grande place ».

Malgré l'autorité de ses défenseurs, il nous est impossible d'admettre cette théorie. Elle est en effet contraire à la vérité des faits.

Que le notaire ne soit pas un *locator operarum*, comme le prétendait du reste Merlin sur la proposition duquel la Cour de cassation rendit l'arrêt du 27 janvier
1812, c'est ce que nous avons déjà prouvé en montrant
dans l'introduction (2) l'aspect tout spécial de la mission du notaire et les différences qui existent entre le
notaire et l'architecte ou tout autre loueur de services.
Mais si Merlin et Troplong ont raison de dire qu'il ne
faut pas voir dans le rôle joué par le notaire un louage
de services (3), ils ont tort d'y voir un mandat.

Le mandat, en effet, suppose l'absence du mandant.
Or les contractants sont toujours présents ou représen-

(1) *J. du Pal.*, II, p. 128.
(2) V. p. 99.
(3) V. Troplong, *Commentaire du louage*, t. 3, n° 883.

tés par un mandataire qui n'est pas le notaire. Il n'y a donc pas mandat.

De plus le mandataire ne peut évidemment représenter plusieurs mandants ayant des intérêts opposés. Or, dès qu'il y a plusieurs contractants, ceux-ci ont des intérêts opposés; il y a toujours des conditions à débattre, peut-être des concessions à obtenir de part et d'autre.

L'officier public serait plutôt désigné comme arbitre que comme mandataire.

Enfin, s'il était réellement mandataire, il serait partie intéressée à l'acte et il tomberait sous le coup de la loi de ventôse (article 8) qui lui défend de recevoir des actes dans lesquels il serait intéressé directement ou indirectement. L'ordonnance de 1843, article 12, est venue fortifier cette prohibition : un grand nombre d'actes sont interdits au notaire et toutes ces prohibitions ont évidemment pour but commun de conserver à cet officier public le caractère d'impartialité et de désintéressement que les lois lui ont toujours reconnu.

« Il est interdit aux notaires..... 4° de s'intéresser dans aucune affaire pour laquelle ils prêtent leur ministère ».

D'ailleurs le mandant ne peut jamais donner plus de pouvoir qu'il n'en a lui-même, car la personne du mandataire disparaît dans tous les actes de sa gestion ; le mandant est censé stipuler et s'obliger lui-même par l'intermédiaire du mandataire. Or, il est bien évident que les parties ne peuvent donner mandat à l'officier public de donner l'authenticité à leurs conventions.

5ᵉ Système. — D'après M. Laurent (1), le notaire est lié vis-à-vis de son client par un contrat. « Il y a contrat, dit-il, proposition faite par la partie et acceptation par le notaire : celui-ci s'engage à rédiger l'acte avec tout le soin qu'un officier public doit apporter à l'accomplissement de ses devoirs ».

Ce serait donc non pas dans un mandat légal, comme le veut le système précédent, mais dans une convention tacite intervenue au moment où les parties choisissent leur notaire, que la responsabilité de celui-ci aurait sa source. Dès lors les principes de la faute contractuelle s'appliqueront ; le notaire sera tenu simplement de la *culpa levis in abstracto*, comme toute personne qui manque aux obligations que lui impose son contrat.

Cette théorie présente le grave inconvénient de ne pouvoir se justifier même d'après les principes posés par M. Laurent dans une foule d'hypothèses.

On peut sans doute faire intervenir à la rigueur l'idée d'une convention tacite lorsque le notaire est exposé à une action en dommages-intérêts de la part d'une personne qui a passé un acte avec lui, mais est-il possible de justifier de cette manière le recours d'un tiers, d'une personne qui n'a pas été partie à l'acte, contre l'officier public ? Cependant ce recours est possible, il existe en bien des cas ; il se rencontrera notamment en matière de disposition à cause de mort. C'est, par exemple, un

(1) T. XX, nᵒˢ 507 et suiv.

légataire qui agit en responsabilité contre le notaire qui a reçu le testament; il n'y a évidemment aucun rapport contractuel exprès ou tacite entre ces deux personnes, dès lors comment la responsabilité du notaire pourra-t-elle être contractuelle? Dès lors la responsabilité ne pourrait être en ce cas que celle des articles 1382 et 1383 du Code civil, dans laquelle on tient compte de la faute très légère (1). « En sorte que le notaire, comme l'a dit M. Lefebvre, serait plus étroitement lié envers des tiers, des légataires qu'il ne connaîtrait pas, qu'envers le client qui aurait été partie à l'acte (2) ».

6ᵉ SYSTÈME. — Le système de M. Laurent a été dernièrement repris et complété par M. Emond (3) qui s'est attaché à rendre applicable la responsabilité contractuelle ou quasi-contractuelle au cas même où le notaire est actionné par un tiers qui n'a pas été partie à l'acte.

Et l'originalité de la théorie de M. Emond réside précisément dans la distinction suivante : si le dommage a été subi par un client du notaire, la responsabilité est contractuelle; elle est quasi-contractuelle si le dommage a été subi par un tiers.

(1) M. Laurent n'admet pas en effet que les mots « s'il y a lieu » de l'article 68 de la loi de ventôse signifient autre chose qu'un simple renvoi au droit commun et refuse d'y voir une atténuation de la responsabilité ordinaire.

(2) V. Lefebvre, *Journal du notariat* du 29 septembre 1887 ; — Micha, *De la responsabilité des notaires*, Bruxelles, 1883, p. 20, 22 ; — Stévenart, *Principes de la responsabilité civile des notaires*, Bruxelles, 1890, p. 16, 56, 58.

(3) Emond, *Thèse de doctorat*, Paris, 1892.

Au regard des tiers, en effet, la responsabilité notariale ne peut dériver que d'un quasi-contrat ; elle a sa source dans un fait qui est personnel au notaire, à savoir : l'acceptation de ses fonctions.

Par cette acceptation, il s'est engagé, par exemple, à prêter son ministère à toute réquisition, à bien s'acquitter de ses attributions. Ce fait personnel est bien la caractéristique du quasi-contrat, ainsi que cela résulte de l'article 1371 du Code civil : « Les quasi-contrats sont les faits purement volontaires de l'homme dont il résulte un engagement quelconque envers un tiers, et quelquefois un engagement réciproque des deux parties ».

Au contraire, vis-à-vis de la personne qui a été partie à l'acte notarié, le notaire est tenu en vertu d'un contrat. A l'engagement du notaire est venue s'adjoindre la proposition du client ; celui-ci est venu demander à l'officier public de dresser un acte et le notaire s'est engagé par avance, nous l'avons vu, à prêter son ministère : voilà bien deux volontés, et par conséquent voilà bien un contrat. Quel sera ce contrat ? M. Emond répond : c'est un louage de services. Le notaire a loué ses services ; ses honoraires ne sont qu'un loyer.

Telle est la distinction proposée par M. Emond ; deux exemples feront mieux comprendre le mécanisme de son application :

1° Une personne se présente chez le notaire comme un créancier hypothécaire ; elle donne mainlevée de l'hypothèque. Or cette personne était inconnue de l'officier public et celui-ci a omis de se faire certifier son identité par deux témoins. Plus tard le véritable créancier actionne le notaire en responsabilité ; ce créancier est un tiers : la faute est née *quasi ex contractu*.

2° Un acte notarié est annulé pour vice de forme : les signataires actionnent l'officier ministériel en responsabilité ; il s'agit alors d'une faute contractuelle.

Mais que la faute soit contractuelle ou quasi-contractuelle, l'étendue de la responsabilité sera la même. C'est ce qu'indique nettement l'auteur dans les termes suivants : « Tenu en vertu d'un contrat ou tenu en vertu d'un quasi-contrat, le notaire répond de la même faute : celle de l'article 1137 du Code civil. On est assez généralement d'accord, en effet, pour décider que l'article 1137 régit à la fois la faute contractuelle et la faute quasi-contractuelle ; il s'applique à l'obligation de faire comme à l'obligation de donner, de sorte que le notaire tenu envers les tiers en vertu d'un quasi-contrat, envers le client en vertu d'un contrat de louage de services, répond envers tous de la faute de l'article 1137. Il en résulte qu'il doit apporter à l'accomplissement de ses obligations tous les soins d'un bon père de famille, ce qui, dans le langage traditionnel, signifie qu'il est tenu de sa faute légère *in abstracto* (1) ».

Malgré tout le talent et toute l'habileté que M. Emond

---

(1) Emond, *op. cit.*, p. 30.

a employés pour justifier sa manière de voir, nous ne croyons pas cependant que celle-ci soit admissible.

Tout d'abord peut-on dire que le notaire est lié envers son client par un contrat? Est-il possible de voir une convention d'intérêt privé là , où comme l'a très justement fait remarquer M. Bauby (1), il s'agit de l'exercice d'une fonction publique? Les premiers mots de la loi de ventôse nous édifient sur ce point : « Les notaires, dit l'article 1er, sont les *fonctionnaires publics* établis... etc... »

Ainsi que le dit M. Paul Pont (2), « l'on peut et l'on doit dire que le notaire. quand il procède en sa qualité de notaire, accomplit une obligation de sa fonction publique ».

Cela étant, le notaire ne doit pas plus être considéré comme un loueur de services que comme un mandataire.

D'abord il n'est pas mandataire des parties, car il ne fait, en instrumentant, qu'accomplir un acte de sa fonction publique, il n'est mandataire que de la loi.

Il n'est pas non plus loueur de services ; car où trouver l'origine de son engagement? M. Emond répond que le notaire s'est engagé *ab initio* en acceptant ses fonctions, c'est là une idée bien hardie : il faut admettre un engagement contracté au profit de tout le monde. Mais au moins faudrait-il supposer que l'officier public n'a

(1) Bauby, *op. cit.*, p. 25.
(2) *Revue du notariat*, n° 181, II, p. 165.

pas changé d'avis; or, même démissionnaire, il doit continuer à s'acquitter de ses fonctions, tant que sa démission n'a pas été acceptée. On peut donc bien dire que ce prétendu louage n'est pas absolument libre du côté du notaire.

De plus, le louage suppose un loyer librement débattu entre les parties; ici rien de pareil : les honoraires sont fixés d'après un tarif adopté par chaque chambre de discipline, tarif que le notaire ne peut modifier à sa guise. En réalité, comme le dit M. Paul Pont, « c'est dans la loi même de son institution qu'il trouve son droit à des honoraires, et l'action qu'il a pour obtenir ces honoraires dans les conditions où ils sont dus par les parties pour lesquelles il a instrumenté. » Il est donc inexact de dire que le notaire est tenu en vertu d'un contrat, vis-à-vis de ses clients.

Il n'est pas davantage exact de prétendre qu'il est tenu en vertu d'un quasi-contrat à l'égard des tiers, c'est-à-dire de ceux qui n'ont pas été parties à l'acte.

Nous touchons ici au point capital de la théorie de M. Emond, dont tout le système peut se résumer en cette phrase : « Le notaire est tenu envers tout le monde de remplir les devoirs de sa fonction en vertu d'un quasi-contrat » (1). Or c'est là ce qui à notre avis est surtout contestable. Il n'est pas vrai que la responsabilité du notaire dérive d'un fait qui lui est personnel et que ce fait soit l'acceptation de ses fonctions.

(1) Emond, op. cit., p. 28.

Que dit M. Emond ?

« D'où dérivent ces obligations du notaire ? Lui sont-elles imposées par la loi ? Ou bien y est-il soumis de sa propre volonté ? Il est évident que l'on ne naît pas notaire, et qu'on ne le devient pas contre son gré. La fonction de notaire est une fonction que l'on sollicite, que l'on demande : elle entraîne des obligations auxquelles on se soumet en connaissance de cause et en toute liberté. Ces obligations ne dérivent donc pas de l'autorité seule de la loi ; elles ont leur source dans un fait personnel au notaire. Or, l'article 1370 du Code civil, dans son alinéa final, nous dit que les engagements qui naissent d'un fait personnel à celui qui se trouve obligé, résultent ou des quasi-contrats, ou des délits et des quasi-délits ; et comme les délits et quasi-délits constituent des faits illicites, les obligations auxquelles le notaire est soumis ont donc leur source nécessaire dans un quasi-contrat. Elles rentrent d'ailleurs admirablement bien dans le cadre de la définition que donne de ce dernier l'article 1371 du Code civil (1). »

Malgré son apparente précision, ce raisonnement pèche par la base. M. Emond a raison de dire que les obligations du notaire ne dérivent pas de l'autorité seule de la loi ; mais il a tort d'en conclure qu'elles résultent du fait du notaire.

En réalité, deux conditions doivent se trouver réunies pour que la nomination du notaire puisse avoir lieu : la

(1) *Op. cit.*, p. 22.

demande du candidat et l'agrément du chef de l'Etat. De
ces deux conditions, laquelle est la plus importante ?
Tout le monde sait qu'en fait, l'agrément du président
de la République n'est pas ce qui préoccupe le plus le
candidat aux fonctions notariales ; il est plus difficile,
en général, d'obtenir l'assentiment du titulaire actuel
dont le futur notaire désire l'office. Aussi le droit de présentation que les lois reconnaissent au notaire en fonctions, devient-il en fait un véritable droit de propriété :
le décret présidentiel apparaît alors comme une formalité imposée par la loi et par suite indispensable, mais
surannée et sans conséquence pratique. A n'envisager
que les faits, le nouveau notaire paraît donc bien tenir
son droit de son prédécesseur seul. Or, dit M. Emond,
ce droit a pour corrélatif des obligations multiples : qui
peut imposer au notaire ces obligations ? L'ancien titulaire ? Mais tout droit a disparu pour lui au moment de
sa démission, et d'ailleurs il serait contraire aux principes de notre droit moderne qu'un simple particulier
pût imposer à un de ses concitoyens des obligations
semblables à celles qui incombent au notaire. Il reste
alors le fait du nouveau titulaire qui a sollicité l'hon-
neur de remplir les fonctions de notaire.

Mais qui ne voit qu'ici les faits sont en contradiction
flagrante avec la vérité juridique ? Si, sans tenir compte
des apparences, on analyse avec soin le fond des choses,
il apparaît nettement que la condition primordiale de
l'entrée en fonctions du notaire est précisément celle

que nous reléguions au second plan il y a un instant : à savoir le décret de nomination du nouvel officier ministériel.

Le droit de présentation reconnu au titulaire de l'office n'est pas un droit de propriété. Le notaire doit démissionner en présentant son successeur ; le décret de nomination n'intervient en faveur de celui-ci que quand la démission du prédécesseur est acceptée. Ainsi au moment où le chef de l'État nomme le nouveau notaire, l'ancien titulaire n'existe plus : ce n'est donc pas de celui-ci que le successeur tient son droit. Le notaire tient son droit du décret qui l'a nommé ; c'est aussi de ce décret que dérivent ses obligations : il y a là une sorte d'investiture qui se présente lors de l'entrée en fonctions de tout fonctionnaire nommé par le pouvoir exécutif. Où trouver dans tout ceci le quasi-contrat, ce fait purement volontaire, dont parle l'article 1371 du Code civil ? — Encore une fois, le décret de nomination n'intervient pas malgré le notaire ; le consentement de celui-ci est acquis d'avance puisque le candidat sollicite l'agrément du chef de l'État. Mais ce consentement, cette acceptation anticipée des fonctions de notaire ne change pas la situation du candidat ; il ne devient pas de ce chef et par son fait personne publique.

L'acte qui fait du futur notaire une personne publique, l'acte qui crée le notaire, qui l'investit de tous ses droits et lui impose toutes ses obligations, c'est le dé-

9

cret du chef de l'État. Nous sommes ici bien loin du
contrat ou du quasi-contrat.

Enfin, il est une dernière considération qui doit nous
faire rejeter la théorie de M. Emond. Il est certain que
les prérogatives et les obligations du notaire doivent
prendre naissance au même moment et par le même
acte. Si l'on admet que les devoirs du notaire dérivent
de son fait, on doit en conclure que c'est ce même fait
personnel qui a donné au notaire le pouvoir d'imprimer
aux actes et aux contrats l'autorité de la foi publique et
la force exécutoire : une telle conclusion doit faire rejeter le principe d'où elle découle.

Au contraire, si l'on admet comme nous que les obligations du notaire dérivent du décret qui l'a nommé,
nous pouvons dire avec raison qu'il agit, dans l'exercice
de ses fonctions, comme délégué de la puissance publique : c'est en cette qualité qu'il donne aux actes dressés
par lui le caractère d'authenticité attaché aux actes de
l'autorité publique.

Que si nous examinons maintenant non plus le fond
même, mais les conséquences du système préconisé par
M. Emond, nous nous apercevrons que ce système est,
quoi qu'en dise son auteur, défavorable au notaire. Sans
doute, au premier abord la responsabilité contractuelle
apparait moins lourde que celle dérivant de l'article 1382, puisque dans celle-ci on doit tenir compte de
la faute même très légère, tandis que dans celle-là on
prend pour élément d'appréciation la *culpa levis in abs-*

tracto. Mais nous avons déjà indiqué et nous prouverons plus loin que l'article 68 de la loi de ventôse permet en réalité au juge d'apprécier souverainement suivant les circonstances le degré de faute nécessaire pour entraîner la responsabilité délictuelle du notaire. Cette atténuation au droit commun, résultant des mots « s'il y a lieu » employés par l'article 68, est repoussée par M. Emond, qui applique au notaire, sans tempéraments, toutes les règles de la responsabilité contractuelle. C'est ainsi qu'il est obligé d'admettre pour être logique que c'est au notaire à prouver qu'il n'a pas commis une faute (1).

Dans l'opinion générale au contraire c'est au demandeur à prouver la faute du notaire. — Or faire retomber sur l'officier ministériel le fardeau de la preuve, n'est-ce pas rendre inutilement difficile l'exercice d'une profession qui par sa nature est déjà pleine de périls ? Et c'est à notre avis un motif de plus, pour qu'on rejette une théorie contraire à la fois à la vérité juridique et à l'équité.

7ᵉ Système. — Pour que cet exposé des diverses doctrines qui ont été mises en avant au sujet de la nature de la responsabilité des notaires soit complet, il convient de dire un mot d'un système récemment proposé par un notaire belge, M. Henri Stévenart (2). Tandis

----

(1) Emond, *op. cit.*, p. 31.
(2) Stévenart, *Principe de la responsabilité des notaires*. Bruxelles, 1870.

que tous les auteurs dont nous venons d'examiner successivement les théories rattachent la responsabilité
notariale soit à un délit ou un quasi-délit, soit à un
contrat ou un quasi-contrat, en d'autres termes soit à
l'article 1382, soit à l'article 1137 du Code civil, M. Stévenart déclare ces deux articles étrangers à la matière
qui nous occupe. Ces textes, dit-il, sont inapplicables
parce qu'ils ne visent que *les faits quelconques de l'homme,* c'est-à-dire de l'être en général, de l'individu quel
qu'il soit.... et ne peuvent s'étendre à des situations
particularisées, ni à des personnes spécifiées (1) ». Or les
notaires agissant du chef de leurs fonctions publiques,
« posent non des *faits personnels,* mais des *faits publics*
derrière lesquels leur personnalité disparaît ». Quant
à l'article 1137, il ne peut s'appliquer qu'à la faute
dans les obligations *conventionnelles ;* or les obligations
professionnelles du notaire dérivent de l'*autorité seule
de la loi.* « C'est involontairement qu'un notaire engage
sa responsabilité (2) ». Et pour déterminer le degré de
faute nécessaire pour que l'officier ministériel soit responsable, M. Stévenart, remarquant que l'appréciation
de la faute est toujours atténuée en matière d'obligations
non conventionnelles en proportion de l'utilité directe
que ces obligations sont susceptibles de procurer (3),
s'attache non pas à la *culpa levis in abstracto* mais à la

(1) Stévenart, *op. cit.,* p. 40, 45, 59.
(2) Stévenart, *op. cit.,* p. 51.
(3) Stévenart, *op. cit.,* p. 43.

faute dont ne se rendrait pas coupable un notaire de moyenne valeur. Ce système a le grave défaut d'être complétement arbitraire ; c'est, pour employer les expressions mêmes de M. Stévenart, *par un véritable tour de force d'assimilation,* qu'il arrive en partant de l'article 1137, en remarquant qu'en matière de faute conventionnelle cet article déclare nécessaire la *culpa levis in abstracto,* à conclure par analogie qu'en matière notariale on doit déclarer nécessaire un degré de faute qu'on pourrait appeler : *la faute notariale in abstracto.*

Ce n'est là qu'une analogie ingénieuse mais sans fondement juridique. Quant à l'article 1382, c'est vraiment par un chef-d'œuvre de subtilité que M. Stévenart prétend l'écarter, et nous avouons pour notre part que la distinction entre les faits de l'homme, c'est-à-dire *de l'être en général,* et ceux des *personnalités spécifiées* nous parait être d'une obscurité remarquable et d'une difficulté d'application radicale.

En résumé, si nous écartons ce dernier système, nous nous trouvons en présence de deux groupes de théories. Les unes assignent comme base à la responsabilité notariale le contrat ou le quasi-contrat, les autres la font délictuelle ou quasi-délictuelle. Ainsi que nous l'avons déjà indiqué, nous pensons que c'est à ce dernier ordre d'idées qu'il convient de se rattacher et nous adoptons le système de la jurisprudence que nous avons exposé plus haut.

Nous pensons donc que la responsabilité du notaire

dérive du principe général de l'article 1382, et que ce
principe régit aussi bien les cas où la loi de ventôse
décide que le notaire doit être responsable que ceux où
elle n'édicte pas de sanction expresse.

C'est ainsi que, d'après l'article 11 de la loi de ventôse, « le nom, l'état et la demeure des parties doivent
être connus des notaires, ou leur être attestés dans
l'acte par deux citoyens connus d'eux, ayant les mêmes
qualités que celles requises pour être témoin instrumentaire ».

Cet article ne porte pas de sanction ; de plus l'article 68 de la même loi, qui renvoie à un certain nombre
de dispositions de cette loi pour les sanctionner par la
responsabilité civile, ne parle pas de l'article 11.

Cependant les auteurs et la jurisprudence sont d'accord pour déclarer le notaire responsable du préjudice
qu'a pu causer l'inobservation des prescriptions qu'il
contient, et cela en vertu du texte absolument général
de l'article 1382 du Code civil. Il y a manquement aux
obligations imposées par la loi au notaire, celui-ci est
en faute ; en vertu de l'article 1382, il doit réparer tout
le préjudice qui est résulté de sa faute. La même solution doit être admise toutes les fois qu'une disposition
de loi impérative imposant certaines obligations à l'officier ministériel n'est pas sanctionnée expressément
par la responsabilité civile ; l'amende dont plusieurs
articles frappent le notaire contrevenant ne doit pas
faire écarter les dommages-intérêts.

Mais si l'article 1382 est applicable dans toutes ces hypothèses, dans toutes ces hypothèses aussi interviendra l'atténuation au droit commun portée par l'article 68 de la loi de ventôse. Car, ainsi que nous le démontrerons, c'est bien d'une atténuation laissée à l'appréciation du juge qu'il s'agit dans cet article.

Toutefois lorsque la faute du notaire, le manquement à ses obligations professionnelles a entraîné la nullité de l'acte et que les parties demandent à l'officier ministériel de les indemniser du préjudice à elles causé par cette nullité, nous estimons qu'une distinction s'impose, que ne fait pas la jurisprudence. D'après nous le notaire est responsable des nullités de forme, il ne l'est pas des nullités de fond, sauf le cas de dol ou de faute lourde.

Il nous suffit pour le moment d'indiquer que nous n'acceptons pas sur ce point la théorie de la jurisprudence, nous renvoyons à un autre chapitre la justification de notre opinion relativement à l'extension plus ou moins grande qu'il convient de donner à la règle de l'article 68 (1).

(1) V. chap. 3, sect. 2.

CHAPITRE II

RESPONSABILITÉ D'APRÈS LA LOI DE VENTÔSE AN XI.

Après avoir déterminé quelle est la nature de la responsabilité professionnelle du notaire, il nous faut maintenant prendre cette responsabilité, telle qu'elle a été organisée par la loi du 25 ventôse an XI. Cette loi ne donne pas, sans doute, toute la mesure des obligations auxquelles est astreint un notaire et si nous voulions présenter ici un tableau de ces obligations, nous devrions nous référer à de nombreux articles du Code civil, du Code de procédure, du Code de commerce, des lois sur l'enregistrement (1).

Mais tel n'est pas notre but. Les différents textes auxquels nous venons de faire allusion ont trait chacun à un acte ou à une catégorie d'actes particuliers ; la loi de ventôse, au contraire, a une portée générale ; les règles qu'elle pose sont applicables sans distinction à tous les actes notariés, de même la responsabilité qu'elle édicte.

L'acte notarié, avons-nous dit à la fin du chapitre précédent, peut être nul, soit à raison d'un vice de forme, soit pour violation du fond du droit ; la loi de ventôse

(1) V. notamment : Cod. civ., 971 et suiv., 1397, 1597; Pr. civ., 923; Com., 68.176. — L. 23 août 1871, art. 12 et 13.

ne s'occupe pas de cette dernière question ; elle suppose
que les conventions passées par le notaire sont confor-
mes au droit civil et ne violent aucune règle d'ordre
public ; elle détermine simplement les conditions requises *pour que l'acte en le supposant valable en lui-même
soit valable comme acte authentique.*

C'est donc à ce seul point de vue que nous allons
nous placer dans ce chapitre qui sera divisé en deux
sections.

Dans la première, nous étudierons en particulier chacun des cas de responsabilité énumérés par cette loi ;
dans la deuxième, nous verrons quelle est l'étendue de
la responsabilité imposée par cette loi au notaire.

SECTION I. — Divers cas de responsabilité.

L'article 68 de la loi de ventôse déclare nul en tant
qu'authentique l'acte fait en violation des articles 6, 8,
9, 10, 14, 20, 52, 64, 65, 66 et 67 de cette même loi, et
permet expressément aux parties lésées de demander
des dommages-intérêts au notaire. — Mais, comme nous
le verrons, cet article 68 n'épuise pas la liste des cas de
responsabilité notariale, il est d'autres obligations imposées au notaire d'où cette responsabilité peut dériver.
— C'est ce que nous allons voir en étudiant avec quelque détail les dispositions de la loi de ventôse qui déli-
mitent les devoirs de l'officier public.

§ I. — Obligation de prêter son ministère.

Aux termes de l'article 3 de la loi de ventôse, « les notaires sont tenus de prêter leur ministère lorsqu'ils en sont requis ».

L'origine de cette disposition est très ancienne et Ferrière en donne fort exactement la raison lorsqu'il dit : « On tient qu'on peut contraindre un notaire à recevoir un pacte ; la raison est qu'il est personne publique et qu'il était en son pouvoir d'accepter ou de refuser l'office de notaire (1) ».

Le décret des 29 septembre-6 octobre 1791, section 2, titre Ier, pose en ce sens, dans son article 6, une règle dont se sont manifestement inspirés les rédacteurs de la loi de ventôse. Du moment que les parties qui veulent faire de leur convention un acte authentique sont forcées de recourir au notaire, il est juste que celui-ci ne puisse se dérober et soit forcé d'instrumenter. La sanction de cette obligation est d'abord la possibilité d'une mesure disciplinaire. Sur ce point une circulaire du ministre de la justice en date du 28 ventôse an XIII déclare le notaire coupable du refus de prêter son ministère, passible d'*interdiction* ou de *suspension* (2). Subsidiairement, les parties qui ont par suite du refus subi un préjudice, pourront agir civilement en dommages-inté-

---

(1) *Parf. notaire*, liv. I, ch. 16, I, p. 75.
(2) V. G. Raveau, *Ministère forcé des notaires, restrictions, sanctions*. Rev. du not., XX, p. 651, 652.

rêts contre l'officier ministériel. « Cette solution, dit
M. Bauby (1), ne saurait soulever aucun doute en présence des déclarations explicites du rapporteur devant
le Conseil des anciens, dans la séance du 12 prairial
an VII et des termes formels du projet de loi sur le notariat adopté en l'an VIII par le Conseil des cinq-cents ».
Sans doute, l'article 3 n'est pas au nombre des textes
visés par l'article 68 de la loi de ventôse, mais la responsabilité du notaire dérive en ce cas des principes généraux du droit qui veulent que celui qui est tenu d'une
obligation soit aussi tenu du préjudice qu'il cause à autrui en n'exécutant pas son obligation.

L'article 3 ne souffre-t-il aucune exception ? En d'autres termes n'y a-t-il pas des cas où le notaire ayant une
cause légitime de refuser son ministère sera par conséquent de ce chef, exonéré de toute responsabilité ? — Il y
a controverse sur ce point. — Des auteurs se sont appuyés
pour soutenir que l'article 3 était général, sur le texte
même de cet article, qui n'admet aucune restriction ; et
ce texte est, disent-ils, d'autant plus significatif que
l'article 6 de la loi du 6 octobre 1791 prévoyait des cas
d'empêchement légitime (2), de même le projet de loi
adopté en l'an VIII au Conseil des cinq-cents et les autres projets ayant précédé la loi de l'an XI (3).

(1) Bauby, op. cit., p. 42.
(2) « A moins d'empêchement légitime, les notaires publics sont tenus
de prêter leur ministère, lorsqu'ils en sont requis. »
(3) V. sur ce point Emond, op. cit., p. 62.

Dès lors si les auteurs de la loi de ventôse, qui se sont manifestement inspirés dans la rédaction de l'article 3 de tous les textes précédents, n'ont pas reproduit l'exception à la règle que ces textes contenaient c'est, dit-on, qu'ils voulaient que la règle soit sans exception.

Nous pensons au contraire avec la majorité des auteurs que l'article 3 de la loi de ventôse comporte des tempéraments. Ces tempéraments sont tout d'abord imposés par la force même des choses et les principes généraux du droit, ainsi que nous l'avons déjà dit ; il est tel cas où le notaire sera dans l'impossibilité physique d'exercer son ministère, tel autre où le forcer à agir serait de la plus flagrante injustice, car l'acte qu'on lui demande de passer est par exemple manifestement illicite ou illégal. Et c'est justement parce que le bon sens commande impérieusement une telle solution, que le législateur de ventôse n'a pas cru nécessaire de la mentionner. Il résulte en effet des travaux préparatoires de la loi de l'an XI que le Conseil d'Etat écarta comme *superflue* la mention : « *à moins d'empêchements légitimes* » que l'on avait proposé d'ajouter à l'article 3, lors de la discussion de la loi (1).

Il y a donc des cas où le notaire peut refuser d'instrumenter.

Ce sera tout d'abord lorsqu'il sera empêché physiquement. Sur ce point nous n'avons pas à insister ; c'est l'application du principe : *Impossibilium nulla obliga-*

(1) V. Eloy, *Resp. des not.*, I, p. 87. Emond, *op. cit.*, p. 64.

lio. Mais il existe en outre des empêchements légaux. Ainsi que le dit M. Emond : « Quand le notaire sera requis de ne pas faire une chose qui lui est prescrite par la loi, ou de faire une chose que la loi lui défend de faire, il pourra valablement refuser son ministère ; bien plus il devra le refuser sous peine de responsabilité » (1). Et ceci nous amène tout naturellement à l'étude des obligations imposées par la loi au notaire, auxquelles il est tenu de se conformer sous peine de voir annuler l'acte qu'il a dressé et d'être par voie de conséquence déclaré responsable de la nullité, conformément à l'article 68 de la loi de ventôse.

§ 2. — Ressort.

Le notaire est responsable de la nullité d'un acte résultant du défaut de compétence. La compétence du notaire est limitée à une certaine étendue de territoire et à certaines catégories d'actes.

La règle sur la compétence territoriale était déjà observée sous l'ancien régime : un édit de 1542 défend aux tabellions « d'entreprendre sur les limites l'un de l'autre, ni de recevoir, passer ou grossoyer aucuns contrats hors de leurs limites et ressorts, ne pareillement à nos dits notaires ». Ferrière admet le même principe, mais avec une restriction : « Néanmoins, bien que de tels contrats soient nuls, disait-il, cela s'entend seulement pour l'exécution parée et la contrainte, car ils valent

(1) Emond, *op. cit.*, p. 65.

pour convention et écriture privée, en laquelle on considère principalement le consentement des parties qui est du droit des gens (1) ».

La loi du 25 ventôse an XI ne distingue pas ; le principe de la compétence territoriale est ainsi posé dans l'article 6 : « Il est défendu à tout notaire d'instrumenter hors de son ressort à peine d'être suspendu de ses fonctions pendant 3 mois, d'être destitué en cas de récidive et de tous dommages-intérêts ». En outre, l'article 68 refuse à l'acte l'authenticité.

A propos de l'article 6, on s'est demandé ce qu'il fallait entendre par *instrumenter*. Doit-on faire rentrer dans l'acception de ce terme, les pourparlers, les discussions préliminaires qui préparent un acte ? L'affirmative fut admise le 1er juin 1842 par la Cour de cassation, sur les conclusions de l'avocat général Delangle.

Lors de la discussion de la loi du 21 juin 1843 sur la forme des actes notariés, M. Philippe Dupin, rapporteur, a soutenu une opinion tout opposée. D'après lui le notaire peut recueillir hors de son ressort certaines données préparatoires de l'acte ; il n'instrumentera vraiment qu'au moment de la lecture et de la signature ; il n'y a pas d'acte, en effet, tant que la partie intéressée n'a pas apposé sa signature sur le projet que le notaire a rédigé et qu'il soumet à son approbation par la lecture qu'il doit en faire ; il n'y a qu'un projet d'acte, et par suite le notaire ne peut avoir empiété sur le ressort de ses con-

(1) *Parf. not.*, liv. I, ch. 8.

frères s'il reçoit à sa résidence la signature de la partie.

L'opinion de M. Dupin nous paraît exacte en principe, mais trop absolue. Il peut se rencontrer des actes dans lesquels la signature ne sera pas le seul élément constitutif de la réception de l'acte.

C'est, par exemple, un notaire qui procède hors de son ressort à une adjudication publique d'immeubles dont il rédige le procès-verbal en son étude (1). En ce cas il est impossible de dire que le notaire n'a pas agi hors de son ressort en tant qu'officier public, car le fait de recevoir les enchères rentre directement dans ses attributions de notaire et fait que les parties se considèrent comme liées, même avant la signature. En un mot, le notaire instrumente hors de son ressort, et contrevient par conséquent à l'article 6 de la loi de ventôse, non seulement lorsqu'il fait signer l'acte hors de son ressort, mais encore toutes les fois qu'il agit à titre de notaire, dans l'exercice solennel de ses fonctions. Les tribunaux auront en cette matière un large pouvoir d'appréciation, et devront se décider d'après les circonstances, car un fait qui dans tel acte ne constitue qu'un simple pourparler, peut dans tel autre avoir une importance si grande (2), qu'il serait déraisonnable de le considérer comme une simple mesure préparatoire.

(1) Trib.Blois, 3 mars 1841, *Journ. du not.*, 10910; Paris, 30 janvier 1871, S. 72.2.48.
(2) Voir en ce sens : Trib. Roanne, 5 décembre 1844, *Journ. not.*, 12235; Toulouse, 31 décembre 1844, D. 45.2.66 ; Eloy, I, p. 275, 277.

§ 3. — Empêchements.

Les règles sur la compétence des notaires ne se bornent pas à la compétence territoriale. Comme tous les officiers publics, les notaires ont une compétence limitée à certains actes : il est certain que le notaire recevant un acte qui devrait, d'après la loi, être reçu par un autre fonctionnaire, serait responsable du préjudice pouvant résulter de la nullité de cet acte (1).

En dehors de cette règle commune à tous les officiers publics, la loi a édicté contre les notaires certains empêchements que nous devons étudier ici comme sources de responsabilité.

D'après l'article 8 de la loi du 25 ventôse an XI, « les notaires ne peuvent recevoir des actes dans lesquels leurs parents ou alliés en ligne directe à tous les degrés, et en ligne collatérale jusqu'au degré d'oncle ou de neveu inclusivement seraient parties, ou qui contiendraient quelque disposition en leur faveur ».

Le motif de cet article est facile à trouver ; on a voulu conserver aux notaires un caractère d'impartialité qui ne doit jamais les abandonner.

« Cette mesure, disait le tribun Favard dans son rapport, les met à l'abri des combats que l'intérêt livre à la probité, et l'affection aux devoirs, combats dans les-

---

(1) V. sur ce point : Breuillaud, *Des actes notariés* (thèse), p. 51 ; Ravaud, *Du pouvoir de verbaliser des notaires*, *Rev. du not.*, XXI.

quels la probité triomphe, mais qu'il est bon d'éviter à la généralité des hommes publics ».

Une prohibition analogue existait déjà dans l'ancien droit ; elle résultait notamment d'arrêts de règlement du 11 août 1607 et du 8 juin 1635.

L'article 8 a donné naissance à des difficultés de plusieurs sortes.

L'une d'elles et non la moins grave porte sur la question de savoir si les mots « disposition en leur faveur » qui terminent l'article se réfèrent aux parents du notaire ou à ce dernier. Les avis partagés sur cette question, ont donné lieu à deux systèmes principaux :

Dans une première opinion, les mots « disposition en leur faveur » s'appliqueraient aux notaires (1). Il en résulte qu'il n'y aurait de prohibition du ministère du notaire : 1° à son égard, que si l'acte renfermait une disposition en sa faveur, c'est-à-dire qu'il pourrait figurer lui-même comme partie dans les actes qu'il reçoit, s'y obliger, y jouer en un mot le principal rôle, si aucune disposition en sa faveur n'y était stipulée ; 2° à l'égard des parents du notaire, que s'ils sont parties à l'acte ; donc, toutes les fois qu'au lieu de paraître comme parties, les parents n'auront figuré dans les actes que d'une manière passive, encore qu'ils y soient l'objet des plus larges faveurs, il faudra dans ce premier système déclarer l'acte valable. Le simple exposé de ces conséquen-

---

(1) Grenier, *Donations*, n° 245 ; Toullier, VIII, n° 73 ; Rolland de Villargues, *Répertoire*, V° *Notaire*, n° 401.

ces suffit pour faire écarter cette première interprétation.

La seconde opinion est la plus rationnelle ; elle est de plus conforme à la construction grammaticale de l'article 8 ; c'est la seule suivie en pratique. Les mots « en leur faveur » se rapportent aux parents du notaire et ne visent nullement les actes qui contiendraient une disposition en faveur de l'officier ministériel lui-même (1). Est-ce à dire que de tels actes seront valables ? Assurément non, mais la prohibition n'a pas besoin d'être écrite dans la loi, elle est toute naturelle (2). Comment supposer que, même en l'absence d'un texte formel, l'officier public chargé de donner aux conventions le caractère d'authenticité, puisse recevoir des actes dans lesquels, même sans figurer comme partie, il ferait insérer des stipulations en sa faveur ? Une telle supposition serait contraire aux fondements mêmes de l'institution du notariat.

En résumé, d'après ces explications il se présente quatre hypothèses dans lesquelles les notaires sont également incapables d'instrumenter :

(1) Merlin, *Rép.*, V° *Notaire*, § 5, n° 4 ; Dalloz, *Rép.*, V° *Notaire*, n° 338 ; *Formulaire général du notariat*, II, p. 26 ; *Pandectes françaises*, V° *Acte notarié*, n° 175.

(2) C'est ce qui nous permet de ne pas insister sur une troisième explication donnée par M. Augan (*Cours de notariat*, I, p. 71) d'après laquelle la disposition finale de l'article 8 vise aussi bien le notaire que ses parents ou alliés. Ce système aboutit à une conclusion exacte, mais présente le tort de vouloir faire résulter cette conclusion du texte, de la lettre, alors qu'elle n'est que dans l'esprit de la loi.

1° Actes dans lesquels leurs parents ou alliés au degré prohibé sont parties.

2° Actes qui contiennent des dispositions en faveur de ces parents.

3° Actes dans lesquels le notaire serait partie.

4° Actes qui contiennent une disposition en faveur du notaire.

On est d'accord pour attacher au mot *parties*, tel qu'il est employé par l'article 8, un sens très large. Le notaire et ses parents ou alliés seront *parties* toutes les fois qu'ils seront intervenus dans l'acte soit pour stipuler, soit pour s'engager, sans distinguer s'ils agissent en qualité de représentants ou de représentés. Ainsi cette expression comprend ici : le tuteur agissant au nom du pupille (1), le mandataire, même s'il ne stipule rien pour lui, car on peut fort bien, sans être intéressé à une convention, prendre part à l'acte qui la constate (2) ; et par mandataire il faut entendre tous représentants, conventionnels, judiciaires et légaux, tuteurs, curateurs, administrateurs provisoires des biens d'un absent ou d'une personne dont l'interdiction est demandée, syndics de faillite ou de corporation, administrateurs des biens de l'Etat (3).

(1) Voir : Cass., 29 décembre 1840, S. 41. 1. 36.

(2) V. Cass., *note précédente, Encyclopédie du notariat*, V° *Notaire*, n° 824; *Pand. franç.*, V° *Acte notarié*, n°ˢ 236, 239; Rolland de Villargues, *Rép.*, V° *Parenté*, n° 71. En sens contraire, V. Cass., 30 juillet 1831, S. 31. 1. 678.

(3) Bauby, *op. cit.*, p. 147, 148.

Que de ... es du mari qui autorise sa femme ?

Aucune hésitation n'est possible si l'acte dans lequel intervient le mari contient des stipulations susceptibles de lui procurer comme chef de la communauté des avantages réels et immédiats, en ce cas le mari est bien partie à l'acte et par conséquent la prohibition de l'article 8 de la loi de ventôse s'appliquera sur ce point au notaire instrumentant soit pour lui-même, soit pour un de ses parents. Mais si les avantages dont nous venons de parler n'existent pas, si le mari figure dans l'acte uniquement pour autoriser sa femme, parce que son autorisation est nécessaire, la jurisprudence admet que le mari n'est pas partie (1). Nous croyons, avec la majorité des auteurs, que dans les deux cas la solution est la même, car dans les deux cas le mari stipule en ce qui concerne son autorisation. Or stipuler n'est-ce pas être partie à l'acte (2) ?

Après avoir fixé le sens du mot *partie,* tel que l'emploie notre article 8, il resterait à bien préciser ce que peut être une disposition *en faveur* du notaire ou de ses parents. En règle générale, il faut dire : toutes les fois qu'il apparaîtra au notaire qu'un avantage direct, indirect, certain ou même éventuel, doit résulter pour lui ou pour un des siens d'un acte authentique, le no-

(1) Nancy, 2 février 1838 ; Cass., 27 mars 1839.
(2) V. en ce sens, Dalloz, *Rép.,* V° *Notaire,* n° 389 ; Rolland de Villargues, *Rép.,* V° *Parenté,* n° 72 ; *Formul. gén. du not.,* II, p. 29 ; *Encycl. du not.,* V° *Notaire,* n° 835.

taire devra se refuser à instrumenter. Mais il est des
cas où cet avantage aura pu raisonnablement être ignoré
de l'officier ministériel ; de là des distinctions multiples
faites par la jurisprudence.

C'est ainsi qu'en matière d'acte de société, il est admis
que le notaire ne peut instrumenter s'il s'agit d'une société en nom collectif dont fait partie un de ses
parents ou alliés au degré prohibé, car les noms des so-
ciétaires sont l'objet d'une publicité. Mais s'il s'agit
d'une société anonyme, il n'en va pas de même parce
que, ainsi que le dit M. Bauby résumant les motifs des
arrêts, l'intérêt de chaque actionnaire n'est ni assez
certain, ni assez direct, pour que l'impartialité du notaire puisse être soupçonnée ; d'autant que ce dernier
ignorera le plus souvent l'existence d'un pareil intérêt
de la part de son parent (1). — Enfin il convient de mentionner certaines décisions de jurisprudence inspirées
par l'équité, d'après lesquelles le notaire pourra instrumenter alors même qu'il aurait un intérêt dans l'acte,
lorsque cet intérêt est jugé trop minime pour entrer en
ligne de compte et faire suspecter l'impartialité du notaire. — Tout en cette matière est question d'appréciation de la part des tribunaux et nous nous bornons à
renvoyer aux décisions d'espèce (2).

(1) Bauby, *op. cit.*, p. 152, note 4. — Grenoble, 8 mars 1832, S. 32. 216
Douai, 3 février 1876, S. 76.2.69.
(2) Paris, 22 mai 1848, S. 48. 2. 322 ; Cass., 4 juin 1883 ; Cass., 15 avril
1862, S. 62. 1. 458 ; Paris, 15 mars 1850, D. 73. 1. 485 ; Paris, 25 avril
1885, *Rec. du not.*, XXVI, 311 ; Bordeaux, 6 août 1885, D. 86. 2. 120 ;

§ 4. — Notaire en second. — Témoins instrumentaires.

Article 9 de la loi de ventôse : « Les actes seront reçus par deux notaires, ou un notaire assisté de deux témoins, citoyens français, sachant signer, et domiciliés dans l'arrondissement communal où l'acte sera passé ». L'origine de cette règle remonte au règne de Saint Louis. Les notaires institués en 1270 auprès du Châtelet de Paris, devaient être deux pour la passation de leurs actes. Philippe le Bel (ordonnance de 1304), Louis XII (ordonnance de 1498), Henri III (ordonnance de Blois de 1579) maintinrent successivement le principe de la nécessité du notaire en second ou des deux témoins. — Mais la pratique, tolérée par la jurisprudence, finit par faire établir que la présence effective du second notaire n'était obligatoire que pour certains actes, notamment les actes respectueux et toutes dispositions de dernière volonté ; quant aux témoins, ils étaient admis à signer après coup et en l'absence des parties.

La loi de ventôse se borne à reproduire les anciens édits sans tenir compte de la pratique qui s'était introduite et qui ne tarda pas à se renouveler. En fait, dans la plupart des localités, le notaire rédacteur était seul présent à la signature de l'acte par les parties intéressées et soumettait ensuite cet acte à la signature du notaire en second ou des deux témoins. Toutefois, pour

Cass., 8 novembre 1886, S. 86. I. 472 ; Cass., 7 janvier 1889, D. 89. I. 8 ; Amiens, 10 mars 1891, *Journ. not.*, 25165.

les testaments on se conformait à la règle stricte de l'article 9 ; l'acte était lu en présence des deux notaires ou des témoins.

Les notaires défendaient l'usage établi en disant avec raison que les particuliers ne se croyaient pas lésés puisqu'ils ne se plaignaient pas. Ils représentaient le système contraire comme impraticable et dispendieux pour leurs clients, car ceux-ci devaient payer les frais de déplacement du second notaire.

La jurisprudence (1), après avoir tout d'abord jugé dans le sens de la pratique, consacra par deux arrêts retentissants la théorie opposée (2). La nouvelle doctrine de la Cour de cassation aurait eu pour conséquence de rendre possible l'annulation de tous les actes notariés passés depuis la loi de ventôse ; pour prévenir ce résultat désastreux le gouvernement proposa aux Chambres un projet qui devint la loi du 21 juin 1843. Cette loi approuva le système que les notaires avaient défendu jusqu'alors pour l'interprétation de l'article 9 de la loi de ventôse.

L'article 1er de la loi de 1843 interdit d'attaquer les actes antérieurs pour ce motif que le notaire en second ou les témoins instrumentaires n'auraient pas été présents à leur réception.

Il a été jugé que cet article était applicable, sans distinction, à tous les actes antérieurs à cette loi, même à

(1) Cass., 11 juillet 1825, S. 25. 1. 155 ; 6 août 1833, S. 33. 1. 626.
(2) Cass., 25 janvier 1841, S. 41. 1. 105 ; 16 novembre 1841, S. 42. 1. 128.

ceux au sujet desquels il existait, lors de sa promulga-
tion, un procès engagé, et un pourvoi même admis.

L'article 2 de la même loi énumère les actes qui, à
l'avenir, exigeront, pour leur validité, la présence effective, lors de leur passation, du notaire en second ou des
témoins instrumentaires. Ce seront : les donations, ré-
vocations de donations ou de testaments, reconnaissan-
ces d'enfants naturels, et les procurations pour consentir
ces divers actes. Il ne parle pas des testaments ; mais il
n'avait pas à en parler, car nous avons vu que, d'après
l'usage établi, les testaments étaient toujours reçus par
les deux notaires conjointement assistés de deux témoins,
ou par le notaire assisté de quatre témoins.

Enfin l'article 3 ajoute que les autres actes continue-
ront à être régis par l'article 9 de la loi de ventôse tel
qu'il est expliqué par l'article 1er de la loi de 1843.

Il résulte de ce qui précède que la présence du second
notaire ou des deux témoins n'est exigée, sauf pour les
actes visés par l'article 2 de la loi de 1843, ni lors des
préliminaires de l'acte, ni pour la lecture de celui-ci, ni
même pour sa signature par les parties. Néanmoins,
leur présence étant attestée dans l'acte, il a été jugé que
le notaire rédacteur serait passible d'une peine disciplinaire s'ils ne se trouvaient pas, au moment de la signature de l'acte, dans la commune où celui-ci a été passé ;
mais cette énonciation contraire à la vérité n'emporte-
rait pas la nullité de l'acte.

On peut se demander alors quelle est l'utilité de la

formalité édictée par l'article 9 de la loi de ventôse, car un notaire qui signe après coup, des témoins qui n'ont pas assisté à la lecture de l'acte ne prennent véritablement aucune part à la confection de celui-ci. Aussi, lors de la discussion de la loi de 1843, a-t-on proposé que les actes puissent être rédigés par un seul notaire sans témoins. On a repoussé cette motion en disant qu'il valait mieux conserver aux parties la garantie pouvant résulter de la présence du second notaire ou des témoins, si minime qu'elle soit. D'autant que cette formalité, sans inconvénient pour les parties, n'est pas dénuée de toute utilité pour elles. Il est en effet du devoir du notaire en second de vérifier si les formalités extérieures ont été observées (1).

Les contrats de mariage ne sont pas régis par l'article 2, mais par l'article 3 ; ils n'exigent pas la présence réelle d'un notaire en second, même s'ils contiennent des donations. C'est une mesure de faveur à l'égard du mariage ; de plus on a pensé qu'en général les préliminaires qui accompagnent la rédaction de ces actes rendaient inutiles les formalités de l'article 2.

L'article 2 ne s'applique pas non plus aux testaments qui renf. .ment à la fois les dernières volontés du testateur et la révocation de testaments antérieurs, mais seu-

(1) V. le rapport de M. Ph. Dupin à la Chambre, en 1843, qui insiste aussi sur cette idée qu'un faux sera rendu plus difficile par l'obligation où se trouvera le faussaire d'imiter la signature du notaire en second ou des deux témoins.

lement aux actes ordinaires contenant révocation de testaments.

Le Code civil est seul applicable aux dispositions testamentaires rédigées en la forme authentique ; cela résulte de l'article 4 et dernier de la loi de 1843.

Après avoir ainsi rapidement étudié les dispositions législatives nouvelles, il nous faut voir de quoi sera responsable le notaire qui contrevient à l'obligation qui lui est imposée par l'article 9 de la loi de ventôse interprété conformément à la loi du 21 juin 1843. Cet article 9 s'il n'est pas observé entraîne la nullité de l'acte en tant qu'acte authentique. Le notaire rédacteur répondra en principe de cette nullité (1). C'est donc à lui de s'assurer suivant les cas de la présence effective ou de la simple signature d'un de ses confrères ou de deux témoins remplissant les conditions de capacité exigées par l'article 9.

Cet article parle en effet des « deux témoins, citoyens français, sachant signer et domiciliés dans l'arrondissement communal où l'acte sera passé ».

Or le notaire étant responsable de la nullité de l'acte résultant du défaut de capacité des témoins instrumentaires, c'est à lui de s'assurer de leur capacité, il doit les choisir. Dans les testaments, à l'inverse de ce qui a lieu pour les autres actes notariés, les témoins sont choisis par le testateur pour être présents, afin d'attester un fait passé en leur présence. Cette particularité ne dégage pas le notaire de sa responsabilité : il doit s'en-

(1) V. loi de ventôse an XI, art. 68.

quérir de la capacité des témoins choisis par le testateur.

Insistons quelque peu sur les conditions de capacité que devront remplir les témoins :

Ceux-ci doivent être citoyens français, c'est-à-dire être français, mâles, majeurs, jouir des droits civils et avoir l'exercice des droits politiques ou l'aptitude pour les exercer. Cette disposition exclut : 1° les étrangers, même admis à jouir en France des droits civils ; 2° les condamnés frappés de la dégradation civique ou des incapacités énumérées dans l'article 42 du Code pénal ; 3° les femmes.

Les témoins doivent être dignes de foi et, autant que possible, connus du notaire.

Les causes d'incapacité doivent être restreintes plutôt qu'étendues par l'interprétation : la capacité est la règle, l'incapacité l'exception. L'individu dont l'inconduite est notoire, les prodigues peuvent être témoins.

Pour attaquer la validité d'un acte pour cause d'incapacité d'un des témoins, il n'est pas nécessaire de prendre la voie de l'inscription de faux, car le notaire n'a pas qualité pour constater authentiquement la capacité des témoins.

La capacité physique est indispensable pour être témoin ; l'article 9 n'avait pas à en parler. Il faut que le témoin comprenne ce qu'il fait.

Ces principes une fois posés, que devons-nous décider relativement à la responsabilité du notaire ? Celui-ci

répond sans doute en principe du choix des témoins ;
mais faut-il admettre la capacité putative ? En d'autres
termes : Une personne se présente pour être témoin dans
un acte ; d'après l'opinion commune, elle présente toutes les qualités requises ; mais en fait elle est incapable,
le notaire sera-t-il responsable ?

La jurisprudence admet que l'acte doit être valable.
Mais il faut que l'erreur soit partagée par le public et
qu'elle s'appuie sur une sorte de possession d'état résultant d'actes multipliés ; il importerait peu que le notaire
et les parties fussent de bonne foi, si leur erreur n'était
pas partagée par l'opinion commune. Ainsi la déclaration du témoin qui se dit citoyen français ne couvrirait
pas la nullité de l'acte. En pratique, les notaires agissent prudemment en exigeant des témoins la production
de leur carte d'électeur (1).

Certains arrêts ne se contentent pas de l'erreur commune pour donner un fondement suffisant à la capacité
putative et exonérer le notaire de toute responsabilité ;
il faut, d'après eux, que cette capacité putative résulte
d'une erreur invincible, rendant impossible la découverte de la vérité (2).

(1) V. Cass., 18 janvier 1830, S. 30.1.43 ; 21 juillet 1830, S. 30.1.653 ;
Paris, 16 janvier 1874, S. 74.2.10 ; Cass., 1er juillet 1874, S. 74.1.471 ;
Paris, 24 janvier 1882, Rev. du not., XXIII, 688 ; Cass., 12 décembre 1882,
S. 83.1.430.

(2) V. notamment Cass., 2 février 1850, D. 50.1.180 ; Douai, 26 mars
1873, S. 73.2.258 ; Amiens, 8 juillet 1873, S. 73.2 259 ; Bordeaux, 26 juillet 1892, Rev. du not., n° 8776, XXXIII, 772.

A notre avis il faut en cette matière faire une distinction. Il est certains éléments de la capacité requise à
l'effet d'être témoin instrumentaire, desquels il sera vrai
de dire, eu égard au notaire : *error communis facit jus.*
Ce sera la nationalité, la jouissance des droits civils,
tous faits pour lesquels le notaire ne peut souvent avoir
plus d'éléments d'information qu'une personne quelconque et sera forcé de s'en tenir à la commune renom-
mée ; mais pour ce qui a trait à l'âge et à la condition
que nous allons voir requise par l'article 10 de la loi de
ventôse (parenté et alliance), le notaire sera inexcusable
s'il s'est contenté de croire l'opinion des personnes qui
l'entourent, alors qu'il lui était facile de se procurer des
vérifications plus précises (1).

Aux conditions prescrites par l'article 9 il faut, ainsi
que nous venons de l'indiquer, ajouter celles qu'édicte
l'article 10. Cet article a trait d'abord au notaire en second, puis aux témoins instrumentaires : deux notaires,
parents ou alliés au degré prohibé par l'article 3, ne peuvent figurer dans le même acte comme notaires instrumentaires (2) : « Les parents, alliés, soit du notaire, soit

(1) V. Furgole, *Testam.*, ch. III, sect. 1, n° 7 ; Grenier, *Donat.*, I,
n° 256 ; Toullier, V, n° 407 ; Favart de Langlade, *Répertoire*, V° *Témoin*,
n° 41.
(2) Mais l'un peut recevoir l'acte et l'autre y être commis par justice
pour représenter un absent . ce dernier en effet n'agit pas comme officier
instrumentaire, mais plutôt comme mandataire de l'absent et sa nomination par la justice couvre l'irrégularité qui pourrait résulter de ce fait que
le notaire et le mandataire sont parents. Nous avons vu en effet que le
mandataire doit être considéré comme partie à l'acte et par suite ne peut

des parties contractantes, au degré prohibé par l'article 8, leurs clercs et leurs serviteurs ne pourront être témoins ».

Toutes ces dispositions ont le même objet: le but cherché par le législateur est la garantie des parties. Il faut que les témoins signent l'acte, aussi, l'article 9 exige-t-il qu'ils sachent signer. Ils doivent, de plus, être domiciliés dans l'*arrondissement communal* où l'acte sera passé. Par arrondissement communal, il faut entendre non pas la circonscription de la commune ou du canton, mais la circonscription de l'arrondissement dans lequel se trouve la commune où l'acte est reçu (1).

§ 5. — **Individualité des parties. — Témoins certificateurs.**

Le notaire ne peut prêter son ministère à des inconnus : le nom, l'état et la demeure des parties doivent être connus de lui ou lui être attestés par deux témoins que l'on appelle, à cause de leur fonction, témoins certificateurs. Ces derniers doivent avoir les mêmes qualités que celles exigées des témoins instrumentaires. Telle est la disposition de l'article 11 de la loi de ventôse an XI. L'origine de cette disposition se trouve dans

figurer dans un acte reçu par un notaire dont il est parent au degré prohibé par l'article 8.

(1) Voir sur ce point : loi du 28 pluviôse an VIII, art. 8 ; loi du 27 ventôse an VIII, art. 6. On sait qu'en vertu de notre organisation administrative l'arrondissement communal ainsi compris correspond au ressort du tribunal de 1re instance.

les ordonnances de 1498 et de 1535 et dans l'édit de 1627 ;
de l'ancien droit la règle passe dans le droit intermédiaire avec l'article 5, titre 1, section 2 de la loi du 6 octobre 1791 et de là dans la loi de ventôse. — Le motif
en est facile à saisir : on comprend l'intérêt qu'il y a d'é-
viter ici, selon l'expression de Ferrière (1), « les fraudes
et suppositions de personnes qui passeraient des obligations ou autres actes au nom d'une autre ».

L'article 11 n'est pas compris dans l'énumération de
l'article 68 de la loi de ventôse, il n'est donc pas sanc-
tionné par la nullité de l'acte en tant qu'acte authentique. Mais malgré l'absence de texte, tout le monde
admet que le notaire qui ne se serait pas conformé à l'article 11 doit être responsable de sa négligence. et cela en
vertu du principe de l'article 1382 du Code civil pour
ceux qui admettent que la responsabilité notariale est
délictuelle, de l'article 1137 pour ceux qui la font dériver d'un contrat ou d'un quasi-contrat.

Un auteur (2) a prétendu, au sujet de la responsabilité
encourue par le notaire pour non observation de l'article 11, qu'il fallait faire une distinction. S'agit-il d'un
acte unilatéral, c'est au notaire à s'assurer de l'individualité de la partie ; s'il ne le fait pas et qu'il en résulte
un préjudice pour autrui, il répondra du préjudice ; mais
s'il s'agit d'un contrat synallagmatique, la responsabilité du notaire ne sera plus en jeu, car dans ce cas « les

(1) *Parf. notaire*, liv. I. ch. 12.
(2) Loret, *Éléments de science notariale*, t. I, p. 238.

parties devront s'assurer réciproquement de leur individualité ». Ce système est, à notre avis, complètement
arbitraire, il est démenti par la généralité des termes
de la loi, il est contraire de plus au motif qui a guidé
le législateur ; ce motif est, nous l'avons vu, d'éviter les
fraudes et les faux d'autant plus susceptibles de préju-
dicier aux parties et aux tiers que la véracité de l'acte
notarié ne peut être infirmée que par la procédure très
longue et compliquée de l'inscription de faux ; or ce
motif s'applique aussi bien au cas d'acte bilatéral que
d'acte unilatéral.

Quelles sont, au juste, les obligations que l'article 11
impose au notaire ? Il faut répondre : Le notaire doit être
certain, du *nom*, de l'*état*, de la *demeure* des parties ;
cette énumération est rigoureusement limitative (1).

De graves difficultés s'élèvent, lorsqu'il s'agit de déterminer ce que la loi entend par l'*état* des parties ; ce
mot est l'objet de controverses dont les conséquences
sont très importantes au point de vue de la responsabilité notariale.

La même question se pose au sujet de l'article 13 de
la loi de ventôse ainsi conçu : « les actes des notaires
contiendront les noms, prénoms, *qualités* et demeures
des parties ».

Il semble que les mots *état* et *qualités* de nos deux

---

(1) C'est ainsi que l'article 11 ne s'applique pas aux prénoms. V. sur ce
point : Cass., 8 janvier 1823, S. 23.1.153. Dalloz, *Rép.*, V° *Responsab.*,
n° 400 ; Emond, *op. cit.*, p. 74, 75 ; Bauby, *op. cit.*, p. 178.

articles doivent être considérés comme synonymes :
l'énumération de l'article 13 semble reproduire celle de
l'article 11, en la complétant toutefois, car l'article 13
dit que les actes notariés doivent contenir non seulement les noms des parties, mais aussi leurs prénoms (1).
Sur la signification qu'il y a lieu d'attribuer aux mots
état et *qualités*, les auteurs et la jurisprudence sont très
divisés. Toute la discussion porte sur le point de savoir si *état* signifie, dans l'article 11, simplement *identité* ou s'il comprend aussi dans son acception la *capacité* de la partie.

1er Système. — La Cour d'Orléans a décidé par un
arrêt du 24 juillet 1856 (2) que le notaire n'est pas tenu
de se faire attester par les parties contractantes leur
position au point de vue de leur état civil.

Loret (3) professe la même opinion : « le notaire, dit-
il, n'est point garant des qualités que les parties s'at-
tribuent, dans un acte qu'il reçoit, comme celles de mari,
de femme, de tuteur ; il n'est responsable que de leur
individualité. On ne peut admettre une extension que la
loi n'autorise pas et que la jurisprudence n'a jamais

---

(1) Ainsi le notaire est obligé sous peine d'amende d'indiquer les prénoms des parties, sans être tenu de les connaître : c'est une bizarrerie
qui s'explique par ce fait qu'une erreur de noms est beaucoup plus grave
qu'une erreur de prénoms pour ce qui concerne la vérification de l'identité.

(2) D. 57. 2. 17. V. aussi Douai, 23 juin 1813, S. 43. 2. 585 ; Dalloz, *Rép.*,
V° *Responsabilité*, n° 436.

(3) T. 1, p. 237.

11

adoptée ». La Cour de Lyon (1), par arrêt du 12 mars 1877, a jugé dans le même sens.

2ᵉ SYSTÈME. — Mais l'opinion contraire a souvent été admise : Cassation, 11 août 1857 (2). D'après cet arrêt, le notaire rédacteur d'un acte dans lequel une partie a dissimulé son état civil, et notamment sa qualité de femme mariée, pour se soustraire à la nécessité de l'autorisation maritale, est responsable de la nullité de cet acte prononcée à raison de la dissimulation qui y a été faite, s'il a négligé, par légèreté ou imprudence, de s'assurer du véritable état de la partie.

Ainsi le notaire, si l'on adoptait cette manière de voir, devrait vérifier non seulement l'identité des contractants, mais encore leur capacité.

D'après nous, ce que la loi a eu en vue dans nos deux articles, ce n'est ni l'état civil, ni la capacité des parties, mais seulement leur individualité. Elle a voulu éviter les faux par supposition de personnes. L'officier ministériel est garant de l'identité des parties qui se présentent devant lui : il doit connaître celles-ci ou se faire certifier leur individualité par deux témoins connus de lui.

Ainsi, tout d'abord, le motif qui a déterminé le législateur à insérer dans la loi la disposition de l'article 11 nous incite à penser que cet article ne s'occupe que d'une question d'identité. Si le notaire est certain que les si-

(1) D. 47. 2. 78.
(2) D. 58.1.135.

gnataires de l'acte portent bien en réalité le nom qu'ils déclarent porter, s'il les connaît suffisamment pour que la supposition de personnes soit impossible, sa responsabilité est à couvert, il n'est pas besoin de témoins certificateurs.

D'autre part, si les parties sont inconnues du notaire, celui-ci doit exiger la présence de témoins. Le rôle de ces témoins est ainsi défini par une circulaire du procureur général près la Cour de Paris du 15 avril 1856 : « Ils se présentent devant le notaire dans le but de suppléer à la connaissance que l'officier public doit avoir des parties dont il reçoit les conventions. Ils viennent attester, sous leur responsabilité personnelle, l'*identité* des personnes qui comparaissent devant le notaire ».

Cette intervention des témoins nous indique encore quelle doit être la portée de l'article 11. Ce n'est pas au moyen de témoins que se résolvent en général les questions d'état et de capacité : la loi exige des justifications qu'il est souvent difficile de fournir. Les témoins attestent ce qu'ils savent ; or la loi n'a pu leur demander que de témoigner de ce que l'on connaît généralement, de ce qui est notoire. Que connaît-on le plus souvent d'une personne ? Ce n'est certes pas son état civil ni sa capacité : les amis les plus intimes se méprennent parfois en jugeant d'après les faits qu'ils ont sous les yeux, d'après les apparences. Au contraire il est facile de connaître le nom de cette personne, sa profession, sa demeure ; et si le notaire ou les témoins savent que telle personne qui se présente pour signer un acte notarié porte bien en réalité le nom qu'elle indique, s'ils connaissent sa profession et le lieu de son habitation, la supposition de personne est à peu près impossible et le but de la loi est atteint.

Ainsi, l'*état*, dans le sens où ce mot est employé par l'article 11 de la loi du 25 ventôse, est un des éléments constitutifs de l'individualité; il en est de même des *qualités* dont parle l'article 13.

L'individualité est ce qui distingue un individu d'un autre et assure que telle personne est réellement celle qui porte tel nom. Cela posé, il devient facile de découvrir le sens que la loi a assigné aux mots *état* et *qualité* des articles 11 et 13 de la loi de ventôse. Ce sont des faits que tout le monde peut connaître, et dont la réunion constitue ce que l'on sait généralement d'une personne. C'est la profession, la situation sociale, le grade, etc.

D'après un jugement du tribunal civil de la Seine du 27 janvier 1869 (1), l'*état des parties* qui doit être connu du notaire ou lui être attesté par deux témoins, d'après l'article 11 de la loi du 25 ventôse an XI, s'entend uniquement de la profession, des qualités et autres désignations propres à établir l'individualité; il ne comprend pas la capacité légale des parties que les notaires ne sont pas tenus de constater sous leur responsabilité personnelle.

(1) *Revue du notariat*, n° 2303.

L'état d'une personne, dit Gagneraux (1), est la profession ou le métier qu'elle exerce, l'emploi qu'elle occupe,
le grade dont elle est revêtue. En résumé, nous croyons
que l'article 11 de la loi du 25 ventôse an XI ne s'occupe que de l'individualité des parties ; ce n'est pas de
cette disposition que l'on peut faire découler la responsabilité du notaire en ce qui concerne la capacité des
personnes dont il reçoit les conventions. Mais il est bien
entendu que la question de savoir si l'officier ministériel est responsable de l'annulation d'un acte prononcée
à raison de l'incapacité de l'un des contractants reste
entière : c'est un point que nous aurons à examiner plus
tard.

En général cependant, les auteurs rattachent à l'explication de notre article 11 l'examen de la responsabilité notariale pour ce qui concerne la capacité des parties. Ainsi, c'est en discutant le mérite des précautions
édictées par la loi pour s'assurer de l'individualité des
contractants que ces auteurs se demandent si l'incapacité des parties doit être mise au nombre des causes de
la responsabilité des notaires.

Cette confusion, très regrettable au point de vue de
la clarté de l'exposé et de la justesse des raisonnements,
est fort nuisible aux officiers ministériels. Il est certain
que le notaire engage sa responsabilité s'il néglige d'accomplir les formalités prescrites par l'article 11 : s'il ne
connaît pas les parties, il doit s'assurer de leur indivi-

(1) *Commentaire de la loi de ventôse*, t. I, p. 211.

dualité. Mais de ce qu'il est responsable de l'individualité des contractants, il ne s'ensuit pas que cette responsabilité doive s'étendre à la capacité de ceux-ci. Les
deux ordres d'idées sont complètement différents.

Mais s'il est exact de dire que l'article 11 ne s'occu-
pant pas de la capacité des parties, ce n'est pas de cette
disposition que l'on peut faire découler la responsabilité
notariale en cette matière, il serait prématuré d'en
conclure, ainsi que l'ont fait plusieurs auteurs, entre
autres Rolland de Villargues (1), que le notaire est de ce
chef à l'abri de tout recours. Nous devrons nous assurer
auparavant, qu'aucune autre disposition de la loi ne
peut servir de fondement à une action en indemnité
quand l'acte est annulé en raison de l'incapacité d'un
des contractants. C'est ce que nous aurons à rechercher
plus loin (2).

Nous avons ainsi examiné ce qui a trait à l'*état* des
parties. En ce qui concerne le troisième des éléments
constitutifs de l'individualité d'après l'article 11 de la
loi de ventôse, c'est-à-dire la *demeure* des parties, on
s'est demandé si la loi avait eu en vue le domicile légal
ou seulement la résidence de fait. D'après Gagneraux (3)
c'est de cette résidence qu'il s'agit ici et non du domicile.
Les raisons sont les mêmes que celles que nous venons
de donner dans la controverse précédente ; le but de la

---

(1) *Respons. des notaires*, 54.
(2) V. ch. 3, sect. 2.
(3) *Loc. cit.*

loi c'est d'éviter les suppositions de personnes, pour
cela elle s'attache à caractériser la partie au moyen de
faits précis et connus de tous ; or, ce que l'on connaît
surtout, c'est l'habitation, la résidence actuelle. Cette
résidence est-elle ou non le domicile véritable de la
partie ? Le notaire et les témoins pourraient souvent s'y
tromper ; d'ailleurs il n'importe : l'indication du lieu de
résidence peut servir autant que l'indication du domicile à éviter la supposition de personnes.

Mais il peut se faire que deux personnes portent le
même nom, exercent la même profession et résident dans
le même endroit : tels sont deux frères habitant et tra-
vaillant ensemble. Il est évident alors que l'indication
du nom, de la profession et de la demeure ne suffit plus.
Le notaire ne doit plus dans ce cas se contenter d'établir l'individualité des parties au moyen des éléments
ordinaires compris dans l'énumération de l'article 11 de
la loi de ventôse, il doit se faire sa conviction par tous
les moyens qui seront à sa portée (1).

On ne peut tracer à l'officier ministériel de règle absolue en cette matière. Des auteurs sont d'avis que,
dans les cas exceptionnels où l'indication du nom, de
la profession et de la demeure ne suffit pas pour établir
avec certitude l'individualité des parties, le mot *état* de
l'article 11 de la loi de ventôse doit être entendu dans
un sens tout particulier, entièrement différent de celui

(1) L'indication des prénoms pourra, en cette hypothèse, avoir son importance.

qu'ils lui reconnaissent dans les autres hypothèses. Ce mot désignerait alors, sinon l'état civil de la partie, du moins sa situation juridique; le notaire devrait indiquer par exemple si les contractants sont célibataires, ou mariés, etc... Sa responsabilité se trouverait ainsi singulièrement aggravée par suite de circonstances que la loi n'a pas prévues, et ne pouvait même pas prévoir en raison de leur caractère exceptionnel.

Il est à remarquer de plus que l'indication de la situation juridique des parties peut encore permettre la supposition de personnes. Nous citions tout à l'heure le cas de deux frères habitant sous le même toit et exerçant la même profession ; nous pouvons supposer que ces deux frères sont célibataires. Dès lors l'indication supplémentaire sera parfaitement inutile.

Il est donc préférable de s'en remettre en cette matière à la prudence du notaire; la pratique constante des affaires lui enseigne, mieux que les plus savantes discussions de théorie, les moyens d'éviter à peu près à coup sûr les suppositions de personnes.

Enfin l'opinion que nous combattons a de plus le grave inconvénient de confondre deux ordres d'idées qui doivent rester distincts, ainsi que nous l'avons vu: l'identité et la capacité des parties.

Des témoins certificateurs. — Aux termes de l'article 11 ces témoins auxquels le notaire devra recourir, s'il ne connaît pas les parties, devront avoir les qualités requises pour être témoins instrumentaires, en d'autres termes ils devront : être citoyens français, savoir signer, être domiciliés dans l'arrondissement communal où l'acte est passé. Sur l'application aux témoins certificateurs de ces trois conditions, qui sont celles édictées par l'article 9, aucune difficulté ne s'élève ; mais il n'en va pas de même sur le point de savoir si l'article 10, § 2, qui défend aux parents et alliés, aux clercs et serviteurs du notaire et des parties d'être témoins instrumentaires doit être étendu aux témoins certificateurs.

On pense généralement que l'article 9 est seul applicable à ces témoins et qu'ils ne devraient pas être écartés pour cette raison qu'ils seraient parents du notaire ou des parties. En effet, ils ne participent pas à l'acte comme les témoins instrumentaires, ils se présentent pour suppléer à la connaissance que l'officier public devrait avoir des parties dont il reçoit les conventions (1). Or dit-on, nul n'est à même de mieux certifier l'individualité des parties que leurs parents. — Cette opinion est contestée ; des auteurs soutiennent que le but de la loi a été d'assimiler complètement le témoin certificateur au témoin instrumentaire au point de vue de la capacité requise, or cette capacité est contenue dans deux textes, l'article 9 et l'article 10, § 2 ; il n'y a pas de motif d'écarter l'un d'entre eux (2).

(1) V. Favart de Langlade, *Rép.*, V° *Acte notarié*, § 2, n° 7 ; Rolland de Villargues, *Rép.*, V° *Individualité*, n° 22 ; Gagneraux, n° 19 ; Dalloz, *Rép.*, V° *Obligation*, n° 3347 ; *Dictionn. du notariat*, V° *Individualité*, n° 28 ; Clerc, *Traité du notariat*, I, p. 380.

(2) V. Bauby, p. 190.

Ce raisonnement présente, à notre avis, le grand tort de prendre comme point de départ, justement ce qui est en discussion.

La question est en effet de savoir ce que la loi a entendu dire lorsque dans l'article 11 elle a prescrit que les témoins certificateurs devraient avoir les mêmes *qualités* que les témoins instrumentaires ; peut-on dire que le fait d'être cousin au 4e degré et non au 3e du notaire ou des parties, rentre dans l'acception de ce mot : *qualités* (1), et les seules qualités du témoin instrumentaire ne sont-elles pas énumérées dans l'article 9, seul ? — A notre avis donc, l'article 10, § 2 n'a pas trait aux témoins certificateurs ; on objecte qu'adopter ce système c'est favoriser la fraude, car, dit-on, « un faussaire trouvera plus facilement des complices parmi des parents que parmi des étrangers. » — Sans doute, mais n'oublions pas que le notaire pourra en revanche appeler comme témoins certificateurs ses propres parents qui auront tout intérêt à ne pas le tromper ; et de plus, ainsi que nous l'avons déjà indiqué, n'est-il pas étrange, alors que le but de la loi est d'arriver à permettre de connaître d'une façon certaine l'individualité des parties, de se priver du concours des personnes qui connaîtront le mieux cette individualité (2) ?

(1) M. Emond, p. 77, partisan du système que nous combattons, est obligé pour justifier sa solution de dire que l'article 9 vise les *qualités positives* et l'article 10 les *qualités négatives* des témoins. Nous doutons que le législateur de ventôse lorsqu'il écrivit l'article 11 ait songé à cette distinction.

(2) V. pour l'opinion qui écarte les parents du notaire et des parties :

Les qualités des témoins instrumentaires et des témoins certificateurs devront être les mêmes (art. 11) ; rien ne s'oppose à ce que les témoins instrumentaires jouent en même temps le rôle de témoins certificateurs. Ceux-ci en effet n'ont pas d'autre rôle que de suppléer à la connaissance que le notaire devrait avoir des parties contractantes ; si ces dernières étaient connues de l'officier public il n'y aurait pas besoin de témoins certificateurs, on ne voit dès lors aucun motif d'incompatibilité entre le fait de certifier au notaire l'individualité de la partie et le fait de jouer le rôle de témoin instrumentaire (1).

Nous avons ainsi terminé l'étude des obligations imposées au notaire aux fins de constater l'identité des parties. — Le manquement à ces obligations n'entraîne pas, ainsi que nous l'avons déjà dit, la nullité de l'acte, mais peut, le cas échéant, mettre en jeu la responsabilité civile du notaire. — Il nous faut ajouter que le notaire qui omet de s'assurer que les parties portent bien le nom qu'elles prétendent avoir s'expose à être suspendu de ses fonctions si on l'a trompé (art. 11 et 53).

Loret, sur l'art. 11 ; Eloy, I, p. 383, 334 ; Rutgeerts, *Commentaire...* II, p. 638 ; Emond, p. 77 ; Bauby, p. 190, 191.

(1) V. en ce sens Rolland de Villargues, *Rép.*, Vo *Individualité*, n° 23 ; Eloy, I, p. 383 ; Clerc, I, p. 390 ; Cass., 25 juin 1825, S. 25.1.177. — *Contrà* : Loret, I, p. 237 ; Carré, *Organ. judic.*, p. 441 ; Rutgeerts, II, p. 639 ; Emond, pp. 77, 78.

.En pratique, pour éviter toute difficulté, les témoins certificateurs ne jouent pas en même temps le rôle de témoins instrumentaires et les parents des parties ne sont pas admis.

Celui qui reçoit des actes où figurent des parties qu'il ne connaît pas et dont l'individualité ne lui est pas attestée par des témoins, ou est attestée par des personnes indignes de toute confiance, facilite par sa négligence le crime de faux par supposition de personne et s'expose à être puni conformément à l'arrêté du 4 nivôse an XII.

Il est admis que la responsabilité n'est pas encourue si l'une des parties connaissait la supposition de personne de l'autre partie ou si la partie qui a souffert le dommage a elle-même attesté l'individualité de l'autre contractant : elle ne peut se plaindre d'une faute dont elle est l'auteur.

Comparaison avec la responsabilité de l'agent de change.

Cette obligation du notaire de certifier par lui-même ou au moyen de témoins l'identité des parties, appelle tout naturellement la comparaison avec une obligation analogue qui incombe à un autre officier ministériel. Nous voulons parler de l'agent de change.

Nous allons insister quelque peu sur ce point qui, nous montrant comment ont été réglées des situations analogues, nous permettra de mieux comprendre les intentions du législateur et la manière dont on les doit interpréter.

On pourrait sous bien des rapports établir une analogie entre l'agent de change et le notaire, car tous deux sont officiers ministériels et tous deux ont un mono-

pole (1). Mais où la ressemblance devient très grande,
c'est lorsqu'on envisage le rôle que joue l'agent de change
en matière de transfert de rentes sur l'Etat. En effet,
ainsi que le dit fort justement l'exposé des motifs de la
loi du 2 juillet 1862: « La situation des agents de change
est mixte ; elle comprend deux éléments qu'il importe
de ne pas confondre. Comme certificateurs de l'identité
des parties, comme chargés de la constatation officielle
du cours des valeurs, les agents de change peuvent être
qualifiés d'officiers publics ; comme intermédiaires de
la négociation des effets publics et autres valeurs cotées
à la Bourse, ils ont en outre un caractère commercial ».

La responsabilité des agents de change en matière de
transferts de rentes sur l'Etat est régie par des textes
particuliers et fort explicites ; ce sont les articles 15 et
16 de l'arrêté des consuls du 27 prairial an X.

Art. 15 : « A compter de la publication du présent
arrêté, les transferts d'inscriptions sur le Grand-Livre
de la Dette publique seront faits au trésor public, en
présence d'un agent de change de la bourse de Paris,
qui certifiera l'identité du propriétaire, la vérité de sa
signature et des pièces produites ».

Art. 16 : « Cet agent de change sera, par le seul effet
de sa certification, responsable de la validité des dits
transferts, en ce qui concerne l'identité du propriétaire,

_____

(1) Arrêté du 27 prairial an X, art. 7.
« Toutes négociations faites par des intermédiaires sans qualité sont
déclarées nulles ».

la vérité de sa signature et des pièces produites : cette garantie ne pourra avoir lieu que pendant cinq années, à partir de la déclaration du transfert ».

Ainsi, d'une part, les obligations de l'agent de change sont bien déterminées : il doit certifier l'identité du propriétaire de la rente, la vérité de sa signature et des pièces produites ; d'autre part, chacune de ces certifications engage sa responsabilité. Ici, plus d'équivoque : la loi ne se borne pas à interdire la négociation des valeurs remises à l'agent de change par des inconnus, elle prescrit à l'officier ministériel de certifier l'identité de son client ; il est ainsi obligé de connaître le titulaire de la rente soumise au transfert et engage expressément sa responsabilité s'il certifie l'identité à la légère.

Les dispositions des articles 15 et 16 de l'arrêté de l'an X, édictées spécialement pour les agents de change de Paris, ont été rendues applicables aux agents de change de département, par suite de l'ordonnance du 14 avril 1819 (1), qui crée dans chaque département un livre auxiliaire du Grand-Livre de la Dette publique (2).

Cette responsabilité des agents de change a été substituée à celle du Trésor qui résultait de la loi du 28 floréal an VII, articles 1er et suivants. Ainsi aucun recours

(1) La légalité de cette ordonnance a été contestée ; on a soutenu en effet qu'il n'appartenait qu'au pouvoir législatif de fixer la responsabilité d'un officier public. Malgré cette critique, les interprètes s'accordent pour déclarer l'ordonnance valable (V. art. 9 de l'ordonnance).

(2) Buchère, *Opérations de Bourse*, n° 710.

n'est recevable contre le Trésor, à moins qu'il ne soit fondé sur un abus de confiance commis par l'un de ses employés dans l'exercice de ses fonctions (1).

La garantie de la vérité des pièces produites s'applique à la forme plutôt qu'au fond, au contenu de ces pièces. Ainsi l'agent de change ne pourrait être déclaré responsable d'un transfert opéré à l'aide d'une fausse procuration, s'il était établi qu'il n'a participé en rien à la falsification du pouvoir (2).

Au moyen de sa certification, l'agent de change garantit le Trésor contre les erreurs qui pourraient se produire à l'occasion des mutations de rentes.

Mais cet officier ministériel n'est pas seulement responsable vis-à-vis du Trésor de la validité du transfert qui a lieu par son entremise, il est encore responsable vis-à-vis du titulaire de la rente négociée. Le titulaire dépossédé doit être indemnisé par l'agent au moyen de la remise d'une inscription de même valeur, ou au moyen du remboursement du prix de cette inscription, et il a droit à des dommages-intérêts s'il a éprouvé un préjudice (3).

Quant au nouveau titulaire qui est de bonne foi, il ne peut être poursuivi, puisqu'il a payé son prix, et il ne

(1) Paris, 25 janvier 1833, S. 33. 2. 410 ; 3 mars 1834, S. 34. 2. 85 ; Cass., 20 février 1836, S. 36. 1. 293 ; Dutruc, *Dictionnaire du contentieux commercial*, V° *Agent de change*, n° 205.

(2) Buchère, n° 713 ; Dutruc, n° 737 ; Ruben de Couder, *Dictionnaire de droit commercial*, v° *Agent de change*, n° 253.

(3) Mollot, *Bourses de commerce*, n° 366.

peut être tenu de rendre l'inscription par lui acquise, à moins qu'elle n'ait été volée, et dans ce cas la restitution ne peut avoir lieu que contre le remboursement du prix d'achat (1).

La responsabilité de l'agent s'applique même au simple transfert de forme, c'est-à-dire à celui qui est opéré sans achat ou vente, lorsqu'il a été opéré par le ministère de l'agent de change ; il en est ainsi, par exemple, au cas où il y a lieu de changer l'immatricule d'une inscription de rente par suite du décès du titulaire (2).

Après avoir exposé successivement la responsabilité du notaire et celle de l'agent de change en ce qui concerne l'identité des parties, il nous reste à les comparer et à noter leurs points de ressemblance ou de dissemblance.

Nous savons que l'article 11 de la loi du 25 ventôse de l'an XI ne prononce pas la nullité de l'acte qui contient une violation de la règle posée par cet article ; il ne renvoie pas non plus au principe général énoncé dans l'article 68 de la même loi ; ainsi l'acte n'est ni entaché de nullité, ni privé d'authenticité, bien que les contractants soient inconnus du notaire et qu'aucun témoin ne soit intervenu pour certifier leur individualité. Le notaire est seulement responsable des suites de sa négligence : il doit indemniser les tiers, ou même les parties, du dom-

---

(1) C. civ., 2280. — Ruben de Couder, *op. cit.*, n° 201 ; Dutruc, *op. cit.*, n° 208. — Paris, 25 janvier 1883, S. 83.2.410.
(2) Dutruc, n° 210.

mage qu'a pu leur causer la violation de l'article 11.

La situation est la même quand il s'agit d'un transfert de rente sur l'Etat. L'agent de change, par hypothèse, a certifié l'identité du vendeur, sans le connaître, et ce vendeur n'était pas le titulaire de l'inscription transférée ; le transfert est néanmoins valable. Le nouveau titulaire, en effet, est de bonne foi, il ne peut être poursuivi, car il a payé son prix et il ne peut être contraint de rendre l'inscription par lui acquise. Dès lors, l'ancien titulaire n'a de recours que contre l'agent de change vendeur : c'est ce dernier qui doit l'indemniser par la remise d'une inscription équivalente à celle qu'il a perdue ou par le paiement de la valeur de ce titre.

Si l'inscription transférée à tort avait été volée, le nouveau titulaire pourrait être contraint de s'en dessaisir, mais alors l'agent de change fautif devrait lui rembourser son prix d'achat. C'est toujours l'agent de change vendeur qui est responsable ; dans cette dernière hypothèse, il doit indemniser l'acheteur et, dans le premier cas, l'indemnité est payée au vendeur.

Signalons maintenant non plus une similitude, mais une différence entre la responsabilité du notaire et celle de l'agent de change.

La loi dit que, si les parties sont inconnues du notaire, leur identité doit lui être certifiée par deux témoins ; il n'y a aucune règle analogue pour les agents de change. Que résulte-t-il de cette différence ? Assurément, il n'est pas interdit à l'agent de change de faire

12

intervenir des témoins pour certifier l'identité d'un client qu'il ne connaît pas : c'est un moyen de s'assurer de l'individualité de cette personne. Mais l'intervention des témoins ne peut avoir pour l'agent de change que cette utilité. Peu importe le moyen dont il se sert pour établir l'individualité du vendeur : il doit certifier l'identité de celui-ci et se trouve ainsi seul responsable quand une substitution de personne a pu se produire ; il ne peut se décharger sur les témoins s'il en a demandé à son client.

Tout autre est la situation du notaire. D'après l'article 11 de la loi du 25 ventôse an XI, le nom, l'état et la demeure des parties doivent être connus du notaire « ou » lui être attestés dans l'acte par deux témoins. Cette disposition prévoit deux hypothèses bien distinctes. Ou bien l'individualité des parties est connue du notaire ; dès lors il n'est pas besoin de témoins certificateurs : les parties seules signent l'acte avec les notaires ; si une supposition de personne, une erreur d'identité se sont produites, l'officier ministériel en est évidemment responsable. Ou bien, au contraire, les parties sont inconnues du notaire ; celui-ci a exigé que leur identité fût certifiée par des témoins remplissant toutes les conditions voulues par la loi de l'an XI. Dès lors, sa responsabilité est à couvert, les témoins seuls sont responsables de la substitution de personne, s'il s'en produit une. Ce n'est pas l'officier public qui certifie l'individualité de ses clients ; bien au contraire, l'inter-

vention des témoins certificateurs prouve surabondam-
ment que cette individualité lui est inconnue.

Il est certains cas particuliers où la responsabilité du
notaire, pour ce qui concerne l'identité de son client,
est aussi étroite que celle de l'agent de change. La délivrance des certificats de vie nécessaires pour le paiement des pensions dues par le Trésor fait encourir au
notaire une responsabilité analogue à celle de l'agent de
change. Mais alors le législateur a pris la peine de dire,
en termes aussi explicites que possible, que, dans cette
hypothèse spéciale, le notaire ne pouvait se décharger
de la responsabilité qui pèse sur lui au moyen de l'intervention des témoins.

Art. 9 du décret du 21 août 1806 : « Les notaires certificateurs sont garants et responsables envers le Trésor
public de la vérité des certificats de vie par eux délivrés,
soit qu'ils aient ou non exigé des parties requérantes
l'intervention de témoins pour attester l'individualité,
sauf, dans tous les cas, leur recours contre qui de droit ».

La manière dont est rédigée cette disposition nous indique son caractère tout spécial et dérogatoire au droit
commun. Elle ne se borne pas à poser le principe de la
responsabilité de l'officier ministériel ; elle montre en
outre cette responsabilité comme inéluctable : l'intervention des témoins elle-même ne fait pas disparaître
celle-ci. Si le législateur a prévu le cas où le notaire a
exigé des parties qu'elles se fissent assister de témoins
pour déclarer l'officier public responsable même dans

cette hypothèse, c'est évidemment à dessein: cette insis-
tance n'a de raison d'être que si notre disposition est
contraire au droit commun. Tout nous montre ainsi que,
de droit commun, le notaire se trouve déchargé de toute
responsabilité à raison de l'identité des parties contractantes, quand il a fait intervenir des témoins certificateurs et que ces témoins remplissent les conditions exigées par l'article 11 de la loi du 25 ventôse an XI.

§ 6. — Rédaction des actes.

Les dispositions relatives à cette matière sont contenues dans les articles 12, 13, 14, 15, 16 de la loi de ventôse ; certaines de ces formalités sont sanctionnées uniquement par des pénalités pécuniaires. Tels sont les
articles 12, alinéa 1, et 13.

« Tous les actes, dit l'article 12, alinéa 1, doivent
énoncer les nom et lieu de résidence du notaire qui les
reçoit, à peine de cent (1) francs d'amende contre le notaire contrevenant ».

ART. 13. — « Les actes de notaire seront écrits en un
seul et même contexte, lisiblement, sans abréviation,
blanc, lacune ni intervalle; ils contiendront les noms,
prénoms, qualités et demeure des parties ainsi que des
témoins qui seraient appelés dans le cas de l'article 11 ;
ils énonceront en toutes lettres les sommes et les dates;
les procurations des contractants seront annexées à la
minute qui fera mention que la lecture de l'acte a été

(1) Vingt francs depuis la loi du 16 juin 1824, art. 10.

faite aux parties : le tout à peine de cent (1) francs d'a-
mende contre le notaire contrevenant ».

L'inobservation de ces deux articles, laissant l'acte
debout, la responsabilité civile du notaire ne sera pas
en jeu, c'est pourquoi nous passons rapidement sur ces
textes qui sont par le fait étrangers au sujet qui nous
occupe.

Il n'en est pas de même des articles 15 et 16 de la loi
de ventôse.

Les renvois contenus dans les actes doivent être ap-
prouvés par tous les signataires, d'après l'article 15,
sous peine de nullité du renvoi ; cette nullité peut même
nuire à la validité de l'acte tout entier si le renvoi irrégulier en contenait un des éléments essentiels comme
la date ou le prix d'une vente (2).

Le notaire est responsable de ces irrégularités.

Sa responsabilité est encore engagée dans les différentes hypothèses prévues par l'article 16 : surcharges,
additions, interlignes.

ART. 16. — « Il n'y aura ni surcharge, ni interligne, .
ni addition (3) dans le corps de l'acte, et les mots sur-
chargés, interlignés ou ajoutés seront nuls. Les mots qui
devront être rayés, le seront de manière que le nombre
puisse être constaté à la marge de leur page correspon-

----

(1) V. la note précédente.
(2) V. Duranton, XIII, n° 50 ; Eloy, n°° 411, 412, I, p. 433, 435 ; Clerc
Traité gén. du notariat, I, p. 385, 386.
(3) La surcharge d'un mot essentiel à la validité de l'acte (date, nom des
témoins) peut entraîner la nullité de l'acte tout entier.

dante ou à la fin de l'acte et approuvé de la même manière que les renvois en marge ; le tout à peine d'amende de 50 francs contre le notaire et de tous dommages-intérêts (1), et même de destitution en cas de fraude ».

Enfin nous trouvons une série de dispositions qui sont édictées à peine de nullité de l'acte lui-même. — Ces dispositions sont contenues dans les articles 12, § 2 et 14, qui tous deux consacrent formellement la responsabilité du notaire qui ne se serait pas conformé à leurs prescriptions (2).

ART. 12, § 2. — « Ils doivent également énoncer les noms des témoins instrumentaires, leur demeure, le lieu, l'année et le jour où les actes sont passés, sous les peines prononcées par l'article 68 et même de faux, si le cas y échoit ».

ART. 14. — « Les actes seront signés par les parties, les témoins et les notaires, qui doivent en faire mention à la fin de l'acte. — Quant aux parties qui ne savent ou ne peuvent signer, le notaire doit faire mention à la fin de l'acte de leur déclaration à cet égard ». Nous allons rapidement passer en revue ces diverses prescriptions.

L'acte doit énoncer à peine de nullité : 1° les noms et la demeure des témoins instrumentaires.

(1) Cass., 27 mars 1812, S. 12.1.309 ; Toulouse, 29 avril 1826, D. 26. 2. 5 ; Caen, 11 juillet 1851, D. 55. 5. 392.

(2) Le texte ne contient pas de sanction, mais il ne faut pas oublier que cette sanction se trouve dans l'article 68 dont l'énumération comprend l'article 14.

Ainsi, l'omission du nom des témoins est punie avec
plus de rigueur que celle du nom du notaire. — On
admet que l'omission du nom du notaire en second entraîne la nullité de l'acte quand sa présence effective
est exigée comme pour les testaments, les actes respectueux et les actes désignés dans l'article 2 de la loi du
21 juin 1843. Mais, dans tous les autres actes, le nom du
notaire en second n'est pas mentionné (1), à moins que
les deux notaires ne concourent également à l'acte.

Par *demeure*, il faut entendre le domicile, le lieu du
principal établissement (2) ; il a été jugé que l'indication de la demeure peut être suppléée par la mention
d'une fonction emportant résidence (3).

Quant à la place que doivent occuper ces énonciations,
rien n'est prescrit à ce sujet ; en général on énonce au
commencement de l'acte les nom et lieu de résidence
du notaire qui le reçoit et l'assistance du second notaire et on met dans la clôture les noms et demeure des
témoins et la date de l'acte. Mais, quelle que soit la
place de ces énonciations, il ne saurait résulter de là
une nullité.

2° *Mention du lieu où l'acte est passé.* — La question a été soulevée de savoir ce que doit être cette énonciation : faut-il indiquer la maison ou simplement la

---

(1) On se contente de le désigner par le terme de *collègue*.
(2) Cass., 23 novembre 1825, S. 26. 1. 157 ; Nîmes, 22 avril 1835, S. 57.
2. 227.
(3) Grenoble, 7 août 1828, D, 29. 2. 49.

ville ? En général, on indique la maison même, par exemple, l'étude; mais on a satisfait à la lettre de la loi dès que l'on a mentionné le nom de la ville, ou de la commune où l'acte est dressé (1). Il n'en était pas de même dans l'ancien droit: les ordonnances exigeaient la mention du *locus loci*, c'est-à-dire de la maison où le contrat était passé (2). De nos jours, cette désignation du *locus loci* sera la plupart du temps inutile, néanmoins le notaire agira prudemment en précisant le lieu toutes les fois que l'acte sera reçu en dehors de son étude, alors surtout qu'il sera appelé à instrumenter sur les limites extrêmes de son ressort (3).

3° *Mention de la date.* — L'article 12 ne parle que de l'année et du jour, mais non du mois. Il en résulte que l'omission du mois peut être suppléée, par exemple par l'enregistrement, ou bien par l'indication d'une fête publique fixe (4). La mention de l'heure et celle du jour de la semaine seront en général inutiles, cependant il pourra être important d'indiquer le jour de la semaine pour certains actes que la loi interdit de faire le dimanche ou les jours de fête légale, et l'heure devra être mentionnée dans tous les actes qui exigent plusieurs vaca-

(1) Caen, 12 novembre 1811, S. 16.2.361 ; Cass., 23 novembre 1825, S. 26.1.157 ; Riom, 18 mai 1841, S. 41.2.571. — Rolland de Villargues, n° 238.

(2) V. Véron et Girard, I, p. 505.

(3) V. sur ce point Bauby, *op. cit.*, p. 68.

(4) Eloy, n° 308, I, p. 397 ; Aubry et Rau, §§ 668 et 755, VII, p. 103, n° 617, et VIII, p. 306, texte et note 31 ; Emond, pp. 157, 158 ; Bauby, p. 70.

tions, par exemple dans les ventes aux enchères, procès-verbaux, inventaires, etc. (décret du 10 brumaire an XIV, art. 1ᵉʳ). Quant aux erreurs de date qui peuvent se glisser dans un acte, elles ne sont pas une cause de nullité lorsque les autres énonciations permettent de les réparer (1).

Que doit-on décider au cas où le consentement et la signature des parties sont donnés à des jours différents? La jurisprudence décide qu'on doit énoncer ces dates diverses (2), cela peut avoir son importance, si l'état ou la capacité des parties ont changé dans l'intervalle.

4° *Signature des parties, des témoins et du notaire et mention de cette signature à la fin de l'acte* (art. 14).

Les incorrections d'une signature, la difficulté de la lire, les fautes d'orthographe qu'elle renferme ne sont pas des causes de nullité. Une signature tracée d'après un modèle ou faite à l'aide d'une main étrangère sur laquelle on s'est appuyé seulement pour pouvoir former une signature plus lisible, est valable, quoiqu'il soit préférable de ne pas signer quand on ne peut le faire qu'à l'aide d'un secours étranger. En cette matière les tribunaux auront pleins pouvoirs d'appréciation ; ils devront, connaissant les habitudes du signataire, voir si la signature est suffisante pour attester son individualité (3).

(1) Cass., 6 mars 1827, S. 1827, 1, 188 ; Rouen, 24 juillet 1828, S. 29.2. 222 ; Limoges, 22 janvier 1838, D. 38.2.111. — *Contrà* : Riom, 10 janvier 1810, S. 11.2.344.

(2) Rouen, 12 mars 1802, *Journ. du not.*, p. 214.

(3) V. Emond, p. 165 ; Eloy, nᵒˢ 404, 421, I, pp. 403, 418 ; *Encyclopédie*

Relativement à la signature du notaire la question s'est posée de savoir si celui-ci doit signer l'acte hors de la présence des parties. On admet en général, avec raison croyons-nous, que cela n'est pas nécessaire. En effet la rédaction primitive de l'article 14 de la loi de ventôse portait que les actes seraient signés *simultané-ment* par les parties, les témoins et le notaire ; dans la discussion qui précéda le vote, le mot *simultanément* disparut ; on en conclut que le notaire peut signer, par exemple le lendemain du jour où l'acte a été dressé.

Relativement à la signature des témoins instrumen-taires (1), on sait que la loi du 21 juin 1843 décide que leur présence n'est pas nécessaire, sauf pour certains ac-tes ; leur signature sera donc donnée forcément après la réception de l'acte.

Non seulement les parties, le notaire et les témoins instrumentaires doivent signer, mais encore mention doit être faite à peine de nullité de la dation de ces signa-tures ou de la déclaration des parties qu'elles ne savent pas ou ne peuvent signer (2).

Toutefois sur ce point une distinction doit être faite. Un avis du Conseil d'Etat du 20 juin 1810 (3) décide que

du notariat, V° *Acte notarié*, n°° 548, 607 ; *Pandectes franç.*, V° *Actes notariés*, n°° 572, 580. — Bauby, p. 65.

(1) La même règle existe pour le notaire en second.

(2) Cette mention doit être claire et précise, mais n'est assujettie à aucune formule sacramentelle V. sur ce point Mathieu, *Resp. civ. des not.*, p. 165.

(3) Cet avis a force de loi aux termes de l'article 11 du règlement du 5 nivôse an VIII.

le défaut de mention de la signature du notaire ne doit
pas entraîner la nullité de l'acte; il suffit qu'elle soit
réellement apposée sur la minute, car elle est publique
et par elle-même authentiquement constatée(1). — Quant
aux témoins et aux parties, la mention de leur signature
est toujours exigée à peine de nullité (2).

SECTION II. — Etendue de la responsabilité notariale.

Il ne suffit pas d'examiner dans quels cas le recours
en responsabilité est possible ; il faut encore rechercher
quelles conditions doivent se trouver réunies pour que,
dans un cas particulier de responsabilité, le notaire soit
nécessairement condamné. Il peut se présenter en effet
telles circonstances qui paraissent fonder la possibilité
d'un recours: l'officier ministériel est en faute, il a manqué à une des obligations qui lui sont imposées par la
loi ; cependant le tribunal renvoie le notaire indemne
et déclare qu'il n'y a pas lieu à une condamnation à des
dommages-intérêts.

Cette anomalie apparente provient de la façon dont les
tribunaux interprètent la partie finale de l'article 68 de
la loi de ventôse.

Lorsque nous avons recherché dans le chapitre Ier de
cette étude quel était le fondement légal de la faute com-

(1) Dauby, p. 71. — Cass., 11 mars 1812, S. 12.1.353.
(2) Bourges, 28 juillet 1820, S. 20.2.297 ; Bastia, 25 décembre 1856,
S. 57.2.333.

mise par le notaire, il nous a été impossible de ne pas
indiquer, au moins d'un mot, le sens que chacun des
systèmes dont nous faisions la critique attachait aux
mots de l'article 68 : « sauf, s'il y a lieu, les dommages-
intérêts contre le notaire contrevenant » ; mais nous
n'avons pas pris parti entre les diverses interprétations
proposées. Nous devons maintenant nous prononcer et
adopter une opinion pour bien montrer en quoi consiste
au juste la responsabilité notariale et quelles différences la séparent de la responsabilité délictuelle ordinaire.

Dans quel but le législateur, après avoir dans l'article 68 posé le principe de la responsabilité civile du notaire, ajoute-t-il que cette responsabilité n'existera que
« s'il y a lieu » ? Ces mots constituent-ils une exception
au droit commun qui est, comme on sait, qu'une fois
constatés le fait de l'homme préjudiciable à autrui et la
faute de l'auteur de ce fait, des dommages-intérêts sont
encourus et doivent être prononcés par les tribunaux ?

On a essayé de soutenir que non : les mots s'il y a
lieu, a-t-on dit, bien loin d'être une dérogation sont
purement et simplement un renvoi aux principes généraux. L'expression de l'article 68 signifie d'après les uns
« s'il y a dommage » (1), d'après d'autres il faudrait lire :
« s'il y a lieu à des dommages-intérêts » (2).

(1) V. Drouart, *Resp. des not.*, pp. 62, 71, 77 et 111.
(2) Cette opinion est celle de M. Laurent (t. XX, pp. 511-512) qui soutient
ainsi que nous l'avons vu que la responsabilité notariale est la responsabilité contractuelle de droit commun.

Mais ces deux opinions aboutissent à rendre la disposition qui nous occupe parfaitement inutile, à ne lui donner aucun sens ; il est certain cependant qu'elle doit avoir une signification particulière : ce serait prêter gratuitement une redondance et une naïveté véritable au législateur que de lui faire dire : « le notaire sera responsable s'il y a dommage, ou bien : le notaire sera responsable s'il y a lieu à des dommages-intérêts, c'est-à-dire s'il est dans un cas de responsabilité ». C'est cependant ce à quoi on arrive avec les deux interprétations proposées et c'est pourquoi nous les repoussons. — L'article 68 de la loi de ventôse est une disposition fondamentale, qui énonce un principe, et le législateur a dû certainement bannir du texte tout membre de phrase explétif, toute expression n'ayant pas un sens défini et pouvant être supprimée sans inconvénient.

Concluons donc que par les mots « s'il y a lieu » l'article 68 apporte une atténuation au droit commun. Ceci n'a rien qui doive nous surprendre ; nous avons vu que cette atténuation existait dans l'ancien droit et de plus que c'est un principe constant, de soumettre pour les obligations résultant de l'exercice de leurs fonctions, les officiers et les fonctionnaires publics à des règles moins rigoureuses que les particuliers (1).

Mais s'il y a atténuation, en quoi consiste-t-elle ?

Sur ce point deux systèmes se sont fait jour.

(1) V. notamment p. 99 où il est parlé des conditions de la prise à partie pour le juge.

1ᵉʳ Système. — M. Pagès (1) croit que les mots « s'il y a lieu » signifient « s'il y a faute lourde » ; il a pour lui l'autorité de Favart (2) : les juges, dit celui-ci, condamneront le notaire « s'il a commis une faute grossière, une grande négligence, et le déchargeront de toute responsabilité s'il ne s'agit que d'une négligence qui peut être rejetée sur la faiblesse humaine ». Favart était rapporteur de la loi de ventôse ; son opinion est donc celle d'un législateur.

M. Bellanger affirme qu'attribuer une telle signification aux mots « s'il y a lieu », c'est ne leur en donner aucune (3). Le dol et la faute lourde sont, dit-il, des motifs suffisants pour condamner le notaire à des dommages-intérêts, il n'était pas besoin d'autoriser le juge à prononcer une condamnation dans ces deux cas.

Aussi bien, répondrons-nous, n'est-ce pas une simple autorisation que M. Pagès voit dans les mots « s'il y a lieu », mais une restriction au pouvoir du juge : le notaire ne devrait, dans cette opinion, répondre que de son dol et de sa faute lourde, tandis que si le droit commun était appliqué il répondrait de sa faute légère, dans les cas du moins où la loi le déclare responsable. — Nous pensons cependant avec M. Bellanger que les mots s'il y a lieu ne signifient pas, s'il y a faute lourde.

(1) *Responsabilité des notaires*, p. 101.
(2) *Répertoire de la nouvelle législation* au mot *Nullité*. — V. aussi Rolland de Villargues, *Code du notariat*, p. 74.
(3) Bellanger, *Resp. civ. des not.*, p. 116.

Le principal argument des auteurs que nous combattons est que l'article 68 de la loi de ventôse entend se référer purement et simplement aux principes de l'ancien droit français ; cela, dit-on, résulte des travaux préparatoires corroborés par ce fait significatif que les cas de responsabilité énumérés par l'article 68 reproduisent exactement ceux que l'on retrouve le plus fréquemment dans les édits, coutumes, arrêts et règlements. Or d'après cet ancien droit, les notaires n'étaient responsables que de leur dol ou de leur faute lourde équipollente au dol.

Sans méconnaître la valeur et l'ingéniosité de ces arguments, on peut répondre, croyons-nous, tout d'abord que la loi du 25 ventôse an XI a eu précisément pour objet d'abroger cet ancien droit que l'on évoque, et de lui substituer un droit nouveau. — Et de plus, les principes qui, dans l'ancien droit, gouvernaient la responsabilité en général, n'ont-ils pas disparu aujourd'hui ; le Code civil en repoussant la théorie des trois fautes n'a-t-il pas consacré une base d'appréciation entièrement nouvelle qui rend impossible l'estimation de la faute lourde telle qu'on l'entendait avant lui.

Quant à l'autorité de Favart, sans la méconnaître, nous devons dire qu'elle ne doit pas prévaloir contre des principes ; de plus cette opinion n'a pas été émise au cours de la discussion de la loi, et rien ne prouve que l'avis de Favart ait été partagé par les autres législateurs. Bien au contraire, aux paroles d'un rapporteur

on peut opposer celles d'un autre ; c'est ainsi que Bigot
de Préameneu indique nettement que le législateur de
ventôse a eu l'intention de répudier l'ancienne théorie (1).

2ᵉ Système. — Nous admettrons donc avec la jurisprudence que les mots « s'il y a lieu » veulent dire
simplement : « si le tribunal le trouve convenable » ou
encore, « s'il y a de la part du notaire une faute de nature
à engager sa responsabilité, faute restreinte et subor-
donnée à l'appréciation du juge ».

Il convient tout d'abord de rapprocher l'article 68 de
la loi de ventôse de quelques autres dispositions législatives dans lesquelles se trouvent insérés les mots
« s'il y a lieu » ou d'autres expressions analogues. Tels
sont les articles 71, 132 et 1031 du Code de procédure
civile et l'article 164 du Code d'instruction criminelle.

Art. 132 du Code de procédure civile. — « Les avoués
et huissiers qui auront excédé les bornes de leur ministère, les tuteurs, curateurs, héritiers bénéficiaires ou
autres administrateurs qui auront compromis les inté-

---

(1) T. V, p. 17. — On a quelquefois invoqué en notre sens Favart lui-
même qui, dans son rapport au Tribunat, dit à propos de l'article 68, que
dans le cas de nullité de l'acte les parties ont « leur recours contre le notaire en défaut, et peuvent obtenir contre lui tous les dommages-intérêts
que leur position et les circonstances exigeraient », ce qui semble donner
aux juges pleine liberté d'appréciation. M. Emond, p. 34, démontre fort
justement que Favart voulait, dans ce passage, montrer non pas de quelle
faute le notaire est responsable, mais quelle somme de dommages-intérêts les parties peuvent obtenir suivant les cas, et prouver que lorsque
l'acte irrégulier vaudra comme sous seing privé, une réparation moins
forte sera due aux parties, que dans les cas où l'acte est complètement nul.

rêts de leur administration, pourront être condamnés aux dépens, en leur nom et sans répétition, même aux dommages-intérêts *s'il y a lieu* ».

ART. 71 du même Code. — « Si un exploit est déclaré nul par le fait de l'huissier, il pourra être condamné aux frais de l'exploit et de la procédure annulée, sans préjudice des dommages-intérêts de la partie, *suivant les circonstances* ».

ART. 1031 du même Code. — « Les procédures et les actes nuls ou frustratoires, et les actes qui auront donné lieu à une condamnation d'amende, seront à la charge des officiers ministériels qui les auront faits, lesquels, *suivant l'exigence des cas*, seront en outre passibles des dommages-intérêts de la partie ».

M. Emond prétend que les mots « s'il y a lieu », « suivant les circonstances », « suivant l'exigence des cas » des articles 132, 71 et 1031 du Code de procédure civile n'ajoutent rien au pouvoir d'appréciation du juge, et qu'ils laissent purement et simplement à celui-ci le pouvoir d'appréciation qu'il a de droit commun. Cela revient à dire que ces expressions ont un sens purement explétif.

Mais alors, lui dirons-nous, rien ne vous autorise à reconnaître une signification plus précise aux mots « s'il y a lieu » de l'article 68 de la loi de ventôse an XI, et c'est précisément ce que vous faites, puisque vous admettez (1) que « s'il y a lieu » signifie « s'il y a faute

(1) Emond, p. 35-37.

13

lourde ». On ne peut cependant pas admettre que le droit
commun de la responsabilité, c'est la *culpa lata* et que
les mots : « s'il y a lieu », « suivant les circonstances »
et « suivant l'exigence des cas » des articles 71, 132 et
1031 doivent s'expliquer par les mots « s'il y a faute
lourde » !

Il convient au surplus de remarquer que l'article 68
de la loi de l'an XI d'une part et les articles 71, 132 et
1031 du Code de procédure, d'autre part, ont entre eux
un point de ressemblance qui frappe le commentateur
au premier abord. Chacun de ces articles indique au
juge deux sortes de sanctions, la première d'une façon
plus ou moins impérative, la seconde au contraire pa-
raissant facultative pour le juge. Celle-ci est précisément relative aux dommages-intérêts : elle est soumise
à la restriction résultant des mots « s'il y a lieu » et
autres analogues que nous commentons en ce moment.

Enfin les trois articles du Code de procédure régle-
mentent la responsabilité des avoués et des huissiers,
c'est-à-dire d'officiers ministériels ; il est assez naturel
de penser que, si la loi s'est montrée favorable aux notaires, elle n'a pas dû traiter plus sévèrement les autres
officiers ministériels tels que les avoués et les huissiers.

En résumé l'interprétation de la jurisprudence se
justifie d'abord par sa simplicité ; c'est en effet la plus
conforme au sens naturel des mots « s'il y a lieu »...
lorsqu'on veut que ces mots aient un sens. De plus
elle est conforme aux principes généraux, et elle répond,

ainsi que nous l'avons vu dans l'introduction, à la situation toute particulière dans laquelle se trouve le notaire par suite de ses fonctions d'officier public. Voyons
maintenant quelles seront les conséquences du système
que nous adoptons.

On sait que de droit commun la responsabilité délictuelle s'apprécie plus sévèrement que la responsabilité
contractuelle ; même la faute la plus légère engage celui
qui en est l'auteur, et tandis qu'en droit romain les faits
actifs entraient ici seuls en ligne de compte, la simple
omission et la négligence suffisent aujourd'hui pour engendrer la responsabilité délictuelle ; de droit commun,
quand il y a faute dommageable, en vertu des articles 1382 et 1383, le juge doit condamner le coupable à
la réparation de tout le préjudice causé, pourvu que ce
préjudice soit une conséquence directe et immédiate du
fait en question ; mais, dans cette limite, la réparation
de tout le dommage est due, même pour la partie de ce
dommage qu'il eût été impossible de prévoir au moment
où le fait s'est accompli. Que s'il apparait au juge que le
préjudice établi par le plaignant est une suite de la faute
et que celle-ci est la cause unique et directe du dommage
subi, il devra condamner sans tenir compte d'autres
considérations et la condamnation devra être de tout le
préjudice subi.

Au contraire, en étendant au principe formulé dans
les articles 1382 et 1383 du Code civil l'atténuation résultant des mots « s'il y a lieu » de la loi de l'an XI, on

arrive à une solution toute différente. Les juges, par hypothèse, se sont assurés de l'existence d'un préjudice
subi par le client du notaire ; la faute de ce dernier est
reconnue. Cependant la condamnation n'est pas certaine.
Le tribunal doit rechercher si la faute de l'officier public
n'est pas excusable. Le notaire a pu être trompé par les
contractants au moyen de fausses déclarations, ou bien
l'irrégularité qu'il a commise a été faite avec l'assentiment du client ; ce dernier a pu s'en rendre compte par
lui-même par suite de sa connaissance du droit et des
affaires. Quoi qu'il en soit, supposons qu'un motif d'excuse soit découvert par les juges ; dès lors la condamnation doit être écartée ou tout au moins atténuée.

Le pouvoir d'appréciation du juge se trouve de cette
façon très étendu. De droit commun, il se borne à la
solution de ces trois questions : y a-t-il eu un préjudice
subi par le client ? Le notaire est-il en faute ? Le dommage est-il la conséquence directe de la faute ? A ces
trois questions vient s'en ajouter une quatrième, spéciale à la matière qui nous occupe : la faute du notaire
est-elle excusable ?

Et l'extension donnée ainsi au pouvoir d'appréciation
du juge ne constitue pas pour ce dernier une simple
faculté, mais au contraire une obligation à laquelle il
ne peut se soustraire sans violer la loi. La quatrième
question que nous venons d'énoncer doit nécessairement
être examinée par le tribunal et le jugement doit faire
mention de cet examen en constatant que la faute était

grave, et ne comportait aucune excuse. La décision qui condamnerait le notaire sans énoncer cette absence d'excuse devrait être cassée comme insuffisamment motivée.

C'est ce qu'a décidé, d'une façon aussi explicite que possible, un arrêt de la Cour de cassation du 19 mai 1885 (1).

« Attendu, dit cet arrêt, que les dommages-intérêts et leur quotité dépendent de la nature et de la gravité de l'omission ou de l'irrégularité reprochée au notaire, et sont subordonnés à l'appréciation équitable des tribunaux ;

« Que les articles 1382 et 1383 du Code civil n'ont point abrogé le droit spécial du notariat et n'obligent pas les juges à rendre les notaires responsables dans tous les cas et intégralement de la nullité de leurs actes ;

« Attendu que, dans l'espèce, la Cour de Paris s'est bornée à constater que ce notaire avait commis une faute, et en a conclu qu'elle l'obligeait à réparer le dommage pouvant en résulter, et l'intégralité de ce dommage, sans qu'on puisse reconnaître si la Cour a fait usage du pouvoir que lui attribuait la loi spéciale d'apprécier l'étendue de la responsabilité encourue par le notaire et d'y proportionner la réparation, en quoi l'arrêt a méconnu la disposition légale de l'article 68 de la loi de ventôse an XI ».

Il est vrai que la condamnation fut maintenue par la

---

(1) S. 85.1.297 ; *Revue du notariat*, n°s 71, 118. — V. dans le même sens ; Cass. (req.), 16 mars 1886, *Rev. not.*, n° 73.

Cour de Rouen devant laquelle l'affaire fut renvoyée :
arrêt du 31 mars 1886 (1).

Cette Cour décida en effet que la gravité exceptionnelle
de la faute du notaire devait entraîner pour lui l'obligation de réparer tout le préjudice : mais le point de droit
fixé par la Cour de cassation restait intact ; des considérations de fait avaient seules amené la Cour de Rouen
à condamner le notaire.

Tels sont les différents systèmes qui se sont produits
au sujet de la disposition finale de l'article 68 de la loi de
ventôse. — En pratique l'adoption de l'un ou de l'autre
n'est pas, au point de vue de l'estimation de la faute, aussi
importante qu'on pourrait le croire au premier abord. —
Alors même, en effet, qu'on refuse au juge le pouvoir de
faire entrer en ligne de compte les circonstances dans lesquelles le fait dommageable s'est produit et qu'on limite
son rôle à l'appréciation de la faute de droit commun ou
de la faute lourde, on ne peut l'empêcher dans cette appréciation de se montrer plus ou moins sévère, et de se laisser
influencer par des faits contingents. — Telle faute paraîtra une faute lourde à tel tribunal, légère à tel autre.
— Mais ce sont là des variations qui ne peuvent pas ne
pas se reproduire ; elles n'infirment en rien les principes juridiques qu'il est d'autant plus utile de bien mettre en lumière que l'application pratique en est plus
délicate et plus incertaine.

(1) *Rev. du notariat*, n° 7323.

CHAPITRE III

EXTENSION DE L'ARTICLE 68 DE LA LOI DE VENTOSE.

Ainsi que nous l'avons déjà dit, l'article 68 de la loi de ventôse ne prévoit pas tous les cas dans lesquels la responsabilité professionnelle peut se trouver engagée.

Il faut en effet en cette matière distinguer deux sortes de causes pour lesquelles un acte authentique peut être nul et occasionner de ce chef un préjudice aux contractants. Tout d'abord la nullité peut tenir à un vice de forme, l'acte peut être valable en lui-même mais ne pas valoir comme acte authentique parce que des formalités prescrites n'ont pas été remplies ; en second lieu la nullité peut tenir au fond du droit. Quelle sera dans chacun de ces cas la responsabilité du notaire, l'article 68 de la loi de ventôse doit-il s'appliquer en toute hypothèse ? Il faut, croyons-nous, répondre par une distinction. L'article 68 s'appliquera à toutes les nullités de forme ; il sera étranger aux nullités de fond.

SECTION I. — L'article 68 s'applique à toutes les nullités de forme.

Il semble tout d'abord qu'une pareille question n'a pas besoin d'être posée.

L'article 68 de la loi de ventôse a trait en effet aux conditions de forme que doivent remplir les actes pour être authentiques et il édicte la responsabilité notariale précisément à ce sujet. — Mais s'il est vrai que cet article a trait aux nullités de forme, il faut dire qu'il ne les vise pas toutes. — La loi de ventôse an XI est, nous l'avons dit, d'une portée absolument générale, elle est applicable à tous les actes notariés à quelque catégorie qu'ils appartiennent, elle est le moule dans lequel devront se couler les conventions pour revêtir l'authenticité. — Mais il est néanmoins certains actes pour lesquels des formalités spéciales sont requises à peine de nullité ; notamment les donations et les testaments.

Donations. — L'article 931 du Code civil dispose qu'il devra rester minute de l'acte, à peine de nullité ; l'article 932 exige sous la même sanction l'acceptation du donataire en termes exprès.

Testaments. — Le testament par acte public doit être reçu par deux notaires en présence de deux témoins, ou par un notaire en présence de quatre témoins, il doit être dicté par le testateur et écrit par le notaire qui doit en donner lecture au testateur en présence des témoins et mentionner cette lecture. Il doit être signé par le testateur, par les témoins (1), etc.

Et l'article 1001 ajoute : « Les formalités auxquelles les divers testaments sont assujettis par les dispositions

---

(1) V. articles 971, 972, 973, 974, 975, 980, du Code civil.

de la présente section et de la précédente, doivent être
observées à peine de nullité ».

De même en matière de notification d'actes respectueux (1), de contrat de mariage (2), de certificat de propriété, de certificat de vie, d'inventaire, l'omission de
certaines formalités pourra le cas échéant rendre l'acte
nul.

Dans toutes ces hypothèses quelle sera la responsabilité du notaire ? Nous pensons qu'il faut, dans tous
ces cas, appliquer la disposition de la loi de ventôse
an XI. Sans doute, à l'époque où cette loi a été faite, on
ne pouvait prévoir les règles spéciales que donnerait
relativement à certains actes le Code civil. Mais du moment que le Code a laissé intact l'article 68 de la loi de
ventôse, cet article doit par une puissante raison d'analogie gouverner les nullités de forme qui, pour être pos-
térieures à son texte, n'en rentrent pas moins dans son
esprit. Nous devrons donc dire, conformément à l'opinion que nous avons adoptée dans le chapitre II, que
lorsqu'un de ces actes sera nul pour vice de forme le
notaire devra être déclaré responsable conformément
au droit commun de la faute délictuelle, avec toutefois
pleine liberté d'appréciation laissée au juge, et cela en

(1) C. civ., art. 151.
(2) M. Bauby, p. 101, fait très justement remarquer « que pour le contrat de mariage certaines des formes générales, telles que la date, doivent
être observées plus scrupuleusement que dans tout autre acte notarié, à
cause de l'article 1394, alinéa 1, du Code civil, qui refuse toute valeur aux
conventions matrimoniales rédigées après la célébration du mariage ».

vertu des mots « s'il y a lieu » de l'article 68 de la loi de
ventôse.

SECTION II. — L'article 68 ne s'applique pas aux nullités de fond.

Il faut supposer maintenant non plus que l'acte manque d'une des conditions requises pour être authentique, mais qu'il est nul au fond, en tant que contrat
exprimant la volonté des parties, nul par suite du défaut
d'une des conditions essentielles pour la validité d'une
convention (art. 1108 du Code civil). Il est évident que
l'article 68 de la loi de ventôse sera étranger à cette hypothèse et qu'on ne saurait étendre à ces nullités de fond
la responsabilité qu'il édicte. — Il suffit en effet de lire
ce texte pour se convaincre qu'il n'a trait ainsi que toute
la loi de ventôse qu'aux règles d'authenticité, qu'il
suppose par définition une convention parfaitement valable en elle-même consentie par des parties capables,
ayant un objet, une cause. — Nous n'avons pas à insister sur ce point.

Mais alors une question subsidiaire se pose. Au cas
où un préjudice aura été causé à la partie par suite
d'une nullité de fond, quelle sera la responsabilité du
notaire rédacteur de l'acte? Si l'article 68 est inapplicable ici, pourra-t-on trouver quelque autre texte pour
servir de base à cette responsabilité?

Il faut, à notre avis, faire une distinction. Si le no-

taire connaissait le vice de la convention dont il a fait
un acte notarié, il devra être déclaré responsable, car
il aurait dû se refuser à instrumenter ; en passant
outre, en ne prévenant pas les parties, il a commis un
dol ou tout au moins une faute grave dont il devra répondre en vertu des principes généraux. Nous reviendrons sur ce point à la fin de notre chapitre, et nous
allons maintenant nous occuper exclusivement de la
seconde hypothèse qui peut être ainsi formulée : le notaire ignore qu'il y a des causes de nullité ; il croit, par
exemple, que les parties sont capables alors qu'il a affaire
à des incapables ; dans sa bonne foi, il dresse l'acte,
sans vérifier si les conditions de validité sont remplies.
Sera-t-il responsable ? A notre avis, il faut répondre par
la négative. Quel est en effet le rôle légal de l'officier
public et par conséquent la portée de ses obligations
professionnelles ? Il faut dire avec l'article 1er de la
loi de ventôse : « Les notaires sont les fonctionnaires publics établis pour recevoir tous les actes et contrats auxquels les parties doivent ou veulent faire donner le caractère d'authenticité attaché aux actes de la
puissance publique ». Par conséquent ils ne peuvent
avoir d'autres obligations que celles relatives à leurs
fonctions telles qu'elles sont définies par la loi. Or,
nulle part il n'est dit dans la loi qu'ils doivent examiner
si l'acte est valable au fond, qu'ils sont responsables
d'autre chose que de la non observation des formalités
indiquées par l'article 68.

« Le notaire, dit M. Bauby rappelant la théorie de la jurisprudence antérieure à 1840, est certainement chargé par la loi du soin de donner l'authenticité aux actes et, si ce caractère vient à disparaître par suite de la violation d'une condition de forme, il en est seul responsable sans pouvoir repousser les parties en alléguant leur participation à sa faute ; car il est seul obligé de connaître les règles de sa fonction. Il n'en est plus de même lorsqu'il s'agit de constituer une convention valable. C'est là uniquement l'affaire des parties. Elles doivent veiller à ce que la convention réunisse tous les éléments de vitalité désirables et ne sont nullement déchargées de ce soin lorsque, au lieu de se contenter de fixer leurs stipulations dans un écrit sous signature privée, elles tiennent à imprimer à leur volonté un caractère plus énergique de certitude et d'efficacité, pourvu qu'elles n'aient pas conféré au notaire une mission spéciale à ce propos. Elles sont donc uniquement responsables des causes de nullité qui vicient la substance de la convention, et l'officier public ne saurait, en principe, être recherché à raison des erreurs commises contre le fond du droit (1) ». — Indépendamment des arguments qu'on peut invoquer en sa faveur, cette doctrine offre le grand avantage d'être la seule vraiment pratique. Forcer le notaire à propos de chaque acte à s'assurer que toutes les conditions de fond sont remplies, l'amener à des constatations et à des vérifications souvent très dif-

(1) Bauby, p. 192.

ficiles, c'est entraver le libre exercice de la profession notariale, c'est décourager l'officier public et introduire le trouble et la défiance dans un ordre de rapports qui doivent être avant tout basés sur la confiance et la bonne foi.

Et cependant, depuis 1840 la jurisprudence admet que le notaire doit veiller, sous sa responsabilité, à la régularité parfaite des actes qu'il reçoit ; et comme il fallait rattacher cette solution à un principe juridique, on a eu recours à l'idée de *mandat*.

Le notaire, dit-on, est le *mandataire légal* des parties (1) ; dans ces dernières années le mot de *mandat* a disparu, mais l'idée est restée avec ses conséquences. Les notaires, disent les arrêts, sont soumis au *devoir légal* d'éclairer les parties sur la validité de leurs actes (2). En conséquence le notaire est responsable des nullités de fond, si le juge estime qu'il n'a pas suffisamment vérifié leur absence.

Ainsi que nous l'avons vu dans notre chapitre 1er, la théorie qui considère le notaire comme ayant reçu un mandat, aboutit à créer une présomption en dehors des textes ; nous avons vu aussi, combien elle est contraire aux précédents historiques et aux intérêts du notariat. Nous n'insisterons donc pas davantage sur ce point et nous rejetterons avec beaucoup d'auteurs la funeste théorie du *mandat légal*. — Toutefois, faut-il conclure

(1) Cass., 21 juin 1840, S. 40.1.593.
(2) V. notamment, Trib. Orthez, 16 décembre 1891, S. 93.2.131.

de là que le notaire devra se borner au rôle d'un simple rédacteur, qu'il ne devra jamais éclairer les parties ? En aucune façon, mais il y a là, nous le verrons en étudiant les conseils donnés par le notaire à son client, une simple obligation morale sur laquelle il est impossible d'étayer une demande en dommages-intérêts. — Nous pouvons donc conclure que le notaire n'est jamais responsable des nullités de l'acte tenant au fond du droit (1).

Par conséquent il n'aura pas à vérifier la capacité des parties pour lesquelles il instrumente. Nous touchons ici à une question que nous avons déjà partiellement traitée en étudiant l'article 11 de la loi de ventôse. — Cet article, on s'en souvient, prescrit au notaire de connaître le nom, l'*état* et la demeure des parties. Or nous avons vu que par le mot *état* la loi entendait autre chose que la capacité et qu'on ne pouvait tirer argument de ce texte pour obliger le notaire à connaître cette capacité. — L'article 11 étant mis à part la solution doit être recherchée dans les principes que nous venons d'établir dans ce chapitre. Le notaire, disons-nous, n'a pas à examiner le fond du droit ; or la capacité des parties est une condition de validité de la convention, elle touche donc au fond du droit. C'est à celui qui contracte de vérifier la capacité de la personne avec laquelle il traite (2).

---

(1) Sauf bien entendu le cas de dol ou de faute lourde (V. section III).
(2) *Nemo debet ignarus esse conditionis ejus cum quo contrahit.* — Dig., L. 17, 19 pr.

De plus, un incapable a toujours le droit, une fois qu'il est devenu capable, de ratifier son obligation ; dès lors, si son contractant entend courir la chance d'une ratification possible, de quel droit le notaire s'y opposerait-il ? (1) Nous trouvons ici une grande analogie entre la situation du notaire et celle de l'agent de change. Comme pour le notaire, on a décidé que l'agent de change, responsable de l'identité des parties en matière de transfert, ne l'était pas de leur capacité.

« Attendu, dit sur ce point un arrêt de la Cour de cassation (2), que la responsabilité des agents de change comme celle de tous les fonctionnaires et officiers publics est limitée aux cas et aux seuls cas spécifiés dans les lois qui déterminent la nature et l'étendue de leurs obligations envers le gouvernement et le public ; que d'après l'article 15 de l'arrêté du 27 prairial an XI les agents de change doivent certifier l'identité du propriétaire, la vérité de sa signature ainsi que celle des pièces produites et que l'article 16 ne les rend responsables que de ces faits ; qu'aucune loi, qu'aucun règlement ne les oblige d'attester la capacité civile de leurs clients, à peine de répondre personnellement des erreurs qu'ils pourraient commettre à ce sujet », etc.

Enfin il est une question des plus délicates que nous devons examiner au sujet des nullités tenant au fond du

(1) Dalloz, *Rép.*, V° *Notaire*, n° 1287 ; V° *Responsabilité*, n° 406 ; Clerc, *Traité général du notariat*, n° 290, I, p. 83 ; Bauby, p. 179.
(2) Cass., 8 août 1827, S. 27.1.425.

droit : dans quelle mesure le notaire sera-t-il responsable d'une nullité tenant à une erreur de droit ? — Il faut répondre par une distinction. Il est hors de doute que l'ignorance du droit portant sur les règles de la profession même du notaire constituera souvent une faute lourde, équipollente au dol, contre laquelle aucune excuse de bonne foi ne saurait prévaloir (1). Mais s'il s'agit d'une question délicate, controversée, neuve, en ce cas on en reviendra à la règle ; le notaire n'est pas responsable car il n'a pas à entrer dans le détail et l'interprétation des conventions rédigées par les parties, il n'a qu'un seul rôle : donner à ces conventions l'authenticité (2). « Il serait difficile, dit M. Demolombe (3), d'exiger de ces officiers publics qu'ils décident, sous peine d'une responsabilité parfois redoutable, des questions controversées et litigieuses sur lesquelles la jurisprudence et la doctrine présentent souvent de grandes incertitudes ». Mais dans bien des cas les tribunaux déclareront le notaire responsable, lorsqu'ils jugeront l'erreur sans excuse.

SECTION III. — Responsabilité en cas de dol ou de faute lourde.

Ceci nous amène à parler de la dérogation qui doit être faite aux règles que nous venons d'exposer sur la

(1) *Encycl. du not.*, V° *Resp. not.*, n° 109.
(2) Trib. Péronne, 20 juin 1890 ; Amiens, 12 novembre 1890.
(3) T. XXXI, pp. 172, 165.

responsabilité notariale en matière de nullité tenant au fond du droit, lorsque le notaire s'est rendu coupable d'un dol ou d'une faute lourde. En ce cas, il faudra sans hésitation le déclarer responsable, car il connaissait ou devait connaître le vice à raison duquel l'acte a été déclaré non valable. En matière d'erreur de droit, notamment, la jurisprudence a fait des applications fréquentes de cette idée. Supposons que les parties veuillent faire authentiquer une convention dont la cause ou l'objet sont illicites (1), il est certain que le notaire le saura ou que si un pareil vice lui échappe il se rendra coupable d'une négligence que rien ne peut excuser. Sur ce point les auteurs et la jurisprudence ont toujours été d'accord.

Il n'en va pas de même de la question de savoir si le notaire peut s'exonérer de toute responsabilité en insérant dans l'acte une clause formelle dite *clause préventive*. Voici dans quels cas cette clause pourra intervenir : Deux parties demandent à un notaire de dresser acte de leur accord ; le notaire fait remarquer à l'une d'entre elles que les clauses de l'acte, telles qu'elles sont rédigées, pourront lui causer plus tard un grave préjudice ; le client ainsi averti veut passer outre ; le notaire obéit, mais insère dans l'acte la mention qu'il a fait tout son devoir et que c'est contre son gré que l'acte est dressé.

---

(1) Trib. Seine, 20 janvier 1885, *Rev. du not.*, n° 7190 ; Poitiers, 9 mai 1892, *Rev. du not.*, XXXIII, 761.

14

Pourra-t-on plus tard, poursuivre le notaire en responsabilité ?

La jurisprudence admet l'affirmative et par suite la nullité de la clause préventive (1).

La jurisprudence s'appuie, pour rejeter la validité de la clause préventive, sur deux motifs :

a) Le notaire, dit-elle, ne peut instrumenter pour lui-même. — A cela il est facile de répondre que le fait pour le notaire de dégager ainsi sa responsabilité, ne le rend pas partie à l'acte ; il n'instrumente pas pour lui-même, il agit simplement dans son propre intérêt.

b) Mais, dit-on alors, agir dans son propre intérêt, c'est justement ce que l'article 8 de la loi de ventôse défend aux notaires, puisqu'il déclare nuls les actes dressés par eux qui contiendraient *quelque disposition en leur faveur*.

Mais est-il vrai de dire qu'une clause préventive par laquelle le notaire cherche à s'éviter un préjudice est bien *une disposition en sa faveur* dans le sens où l'entend l'article 8 ; cet article veut simplement dire une chose : il est interdit à un notaire de recevoir des libéralités dans les actes qu'il dresse. Est-ce recevoir une libéralité que de dire qu'il n'entend pas être condamné à des dommages-intérêts ?

Nous croyons donc que la clause préventive est vala-

(1) Paris, 27 août 1852 ; Metz, 17 juillet 1873 ; Paris, 15 mars 1870 ; Cass., 2 avril 1872 ; 17 juillet 1872 ; Trib. Seine, 23 janvier 1878 ; Douai, 26 juin 1889.

ble. Toutefois une restriction doit être faite. Si la convention au sujet de laquelle cette clause intervient présentait des vices tels que le notaire serait en droit de se refuser à instrumenter, la clause préventive ne saurait avoir aucun effet ; il en serait autrement si le notaire ne pouvait refuser son ministère. S'il n'y avait pas une certitude de nullité de l'acte, mais seulement des chances à courir, en ce cas il serait vraiment injuste de l'obliger à être lui-même l'artisan de son propre préjudice.

DEUXIÈME PARTIE

RESPONSABILITÉ EXTRA-PROFESSIONNELLE.

Nous avons étudié dans la première partie de ce travail la responsabilité qui peut découler pour le notaire d'un manquement à ses obligations professionnelles. — Mais le notaire n'agit pas toujours comme officier public. La confiance que son titre donne à ses clients, la présomption de capacité qui s'y attache, font qu'il se chargera bien souvent de missions diverses relatives à la gestion des intérêts ou des affaires d'autrui. — En fait, à côté du notaire officier public, chargé de donner l'authenticité aux conventions que lui apportent les parties, ne pouvant pas refuser son ministère, agissant *légalement*, il y a toujours, le notaire agissant *volontairement*, le plus souvent comme mandataire, gérant d'affaires ou dépositaire, et assumant à ce titre, en principe, la même responsabilité que celle qui incomberait à un particulier quelconque dans une circonstance analogue. — C'est cette nouvelle face de la responsabilité notariale que nous allons étudier maintenant.

Dans un premier chapitre nous en préciserons la nature et l'étendue, puis nous nous demanderons jusqu'à quel point ce rôle de l'officier public est compatible avec certaines obligations et prohibitions professionnelles.

Enfin dans un troisième chapitre nous verrons en quels cas on peut dire que le notaire encourt cette responsabilité extra-professionnelle. Nous terminerons en disant quelques mots de la responsabilité à raison des conseils qu'aura donnés l'officier ministériel à ses clients.

CHAPITRE PREMIER

NATURE ET ÉTENDUE DE LA RESPONSABILITÉ
EXTRA-PROFESSIONNELLE.

Tandis que nous avons démontré que la responsabilité professionnelle du notaire a sa source dans un délit ou un quasi-délit (1), nous croyons que la responsabilité extra-professionnelle est contractuelle par sa nature.

En effet, c'est comme simple particulier qu'aura agi le notaire, qu'il aura accepté d'être le mandataire, le gérant d'affaires, le dépositaire des parties, dès lors il devra être déclaré responsable conformément au droit commun du contrat de mandat ou de dépôt, du quasi-contrat de gestion d'affaires, c'est-à-dire contractuellement ou quasi-contractuellement. Sans doute il est vrai de dire, la plupart du temps, que c'est à cause de sa situation professionnelle, de son rôle d'officier public que le notaire aura été amené à contracter des obligations pareilles à l'égard de ses clients, mais cette considération ne suffit pas pour faire rentrer dans le cadre des devoirs professionnels des conventions que le notaire a consenties en tant que simple particulier, qu'il

(1) V. 1re partie, ch. I.

pouvait parfaitement se refuser à consentir (car l'article 3 de la loi de ventôse est évidemment inapplicable ici) et qui, toutes, sont étrangères au rôle légal de l'officier public qui est de conférer l'authenticité aux actes.

Cela posé, voyons quels sont les principaux rapports de droit qui, dans la pratique, lieront le notaire à son client, et à propos de chacun, étudions la responsabilité qui en découle.

Le notaire, avons-nous dit, jouera le plus souvent le rôle de mandataire, ou de gérant d'affaires ou de dépositaire.

§ 1. — Mandat.

Aux termes de l'article 1984 du Code civil : « le mandat ou procuration est un acte par lequel une personne donne à une autre le pouvoir de faire quelque chose pour le mandant et en son nom ». Les circonstances dans lesquelles un notaire sera amené à se constituer mandataire et les utilités que présentera ce mandat sont trop nombreuses pour que nous en essayions une énumération complète. — « Les opérations les plus usuelles (1), dit M. Bauby, que les notaires sont chargés en pratique de négocier au mieux des intérêts de certains de leurs clients, se réduisent à peu près exclusivement aux placements, aux ventes, aux partages et aux transports de créance ».

Les placements tout d'abord, et surtout les placements hypothécaires permettront aux particuliers de se procu-

(1) Bauby, p. 230.

rer par l'intermédiaire du notaire un crédit qu'ils n'auraient obtenu sans lui que très difficilement, après des démarches compliquées et rebutantes pour qui n'a pas l'expérience des affaires (1). De même pour les ventes, n'est-il pas vrai de dire que le notaire sera mieux que personne en mesure de les réaliser au moment efficace, aux conditions les plus avantageuses ? De même pour ces opérations pleines de péril pour l'homme inexpérimenté qui s'appellent la cession de créance et le partage. La cession de créance prescrit en effet une signification à faire en temps utile au débiteur cédé (2), le partage exige dans les 60 jours à partir de la date de l'acte l'inscription du privilège prescrite par l'article 2109. Bien mieux que son client le notaire sera capable de procéder à toutes ces formalités. Dans les différentes hypothèses que nous venons de passer en revue, le notaire aura un mandat général à l'effet de procéder librement et sans avoir besoin pour chacune d'une nouvelle autorisation à toute la série des opérations nécessaires pour la réussite de l'affaire dont il s'est chargé.

Dans d'autres cas, le mandat sera réduit à une opération spéciale : recouvrement d'une créance, paiement d'une dette, mainlevée et radiation d'une hypothèque, légalisation de pièces, enregistrement d'un acte sous seing privé, accomplissement des formalités de publicité requises pour les contrats de mariage de personnes

(1) V. sur ce point, *Rec. du not.*, XII, p. 152.
(2) Civ., 1690.

devenues commerçantes (C. com. art., 69) postérieu-
rement à leur union, pour les rétablissements de communauté (C. civ., 1445 et 1451), etc.

Quelle sera dans toutes ces hypothèses la responsabilité du notaire mandataire ?

Il faut, pour répondre, se référer ainsi que nous l'a-
vons déjà indiqué, non plus à la loi de ventôse mais
aux articles du Code civil relatifs au mandat. — Sur ce
point l'article 1992 dit : « Le mandataire répond non
seulement du dol, mais encore des fautes qu'il commet
dans sa gestion », c'est en un mot l'application des principes du droit commun en matière contractuelle ; la
faute dont il s'agit dans l'article 1992 est la *culpa levis
in abstracto*, celle que ne commettrait pas un administrateur ordinaire (1).

L'article 1992 ajoute : « Néanmoins, la responsabilité
relative aux fautes est appliquée moins rigoureusement
à celui dont le mandat est gratuit qu'à celui qui reçoit
un salaire ». — Au cas de mandat gratuit, les auteurs
s'accordent à reconnaître que le notaire ne sera tenu
que de la *culpa levis in concreto*, c'est-à-dire qu'il doit
apporter à l'exécution du mandat les soins qu'il apporte
dans la gestion de ses propres affaires. — Mais sur ce
point une difficulté se présente : quand peut-on dire que
le mandat du notaire est salarié ? La jurisprudence par
une sévérité exagérée a souvent décidé dans ses arrêts

---

(1) V. Aubry et Rau, n° 398, IV, pp. 101, 102 ; Demolombe, XXIV,
n°° 402-412.

que le seul fait de percevoir ses honoraires, transforme
la mission dont s'est, en plus de la rédaction de l'acte,
chargé l'officier public, en mandat salarié (1). La majorité des auteurs protestent avec raison contre une telle
interprétation qui confond deux ordres de faits absolument différents (2).

Si tel est le principe de la responsabilité du notaire
mandataire, on voit que l'étendue de cette responsabilité sera toute autre qu'en matière professionnelle. —
Dans ce dernier cas, nous l'avons vu, les tribunaux ont
le pouvoir d'apprécier souverainement le degré de la
faute reprochée au notaire ; l'article 68 de la loi de ventôse leur donne à cet égard un véritable pouvoir discrétionnaire.

Lorsqu'il s'agit de la responsabilité extra-professionnelle, pareille atténuation n'existera pas au profit de l'officier public ; dès lors que le mandat existant entre le
notaire et son client est prouvé, et qu'en second lieu
tous les faits constitutifs de la faute et du préjudice
sont reconnus, le juge devra condamner le notaire sans
tenir compte des circonstances de fait qui, s'il s'agissait
de la responsabilité professionnelle, pourraient en tout
état de cause entrer en ligne de compte pour augmenter
ou diminuer le quantum des dommages-intérêts.

En second lieu, nous avons vu que le notaire n'est

---

(1) Poitiers, 30 juin 1817, D. 47. 2. 19). — V. aussi Stévenart, *op. cit.*,
p. 17, 85, 90 note 2.

(2) V. *Dictionn. du not.*, V° *Resp. des not.* n° 373 ; Mathieu, *op. cit.*,
p. 203. — Avignon, *op. cit.*, p. 97 ; Bauby, p. 292 ; Bellanger, p. 23).

pas responsable de la validité et de l'efficacité des actes
auxquels il donne l'authenticité, sauf le cas de dol ou
de faute lourde. En sera-t-il de même en matière extra
professionnelle ? Évidemment non, car il faut alors appliquer les règles du mandat dans lesquelles il n'est fait
aucune distinction entre la forme et le fond des actes.
L'article 1991 est absolument général lorsqu'il dit : « le
mandataire est tenu d'accomplir le mandat tant qu'il en
demeure chargé, et répond des dommages-intérêts qui
pourraient résulter de son inexécution ». Aussi le notaire,
en cas de non réussite du mandat dont il s'est chargé,
répondra-t-il des nullités de fond, des conséquences
malheureuses de l'entreprise, et même de ces formalités
complémentaires que l'on désigne ordinairement sous
le nom de *suites des actes* et que la loi ne l'avait pas
chargé d'accomplir (1). Spécialement en ce qui concerne l'erreur de droit la jurisprudence se montre d'une
très grande sévérité pour l'officier public mandataire.
C'est ainsi que la Cour de Poitiers condamna un notaire « qui avait omis de remplir les formalités nécessaires
pour qu'un acquéreur pût payer son prix sans danger
et spécialement, lorsque l'immeuble acquis provenait
d'un échange, avait omis de vérifier si la propriété trans-
mise au copermutant était à l'abri de toute éviction, par
suite de l'erreur consistant à croire que l'échangiste
évincé ne pouvait en aucune façon revendiquer entre
les mains d'un tiers acquéreur de bonne foi l'immeuble

(1) Bauby, p. 28.

livré en échange (1) ». M. Eloy résume très heureusement la doctrine de la jurisprudence sur ce point, lorsqu'il dit (2) que pour que le notaire ne soit pas responsable il faut : « qu'il soit entraîné par une opinion énergiquement et logiquement soutenue en doctrine et en jurisprudence, adoptée en pratique, corroborée par les orateurs de la loi lors de sa discussion etc. ». A notre avis une pareille doctrine est trop sévère et fausse l'esprit de la loi qui exige que le mandataire soit responsable de sa faute légère et non de sa faute très légère.

Il est à désirer que les tribunaux se relâchent de leur rigueur au cas où l'erreur de droit du notaire porte sur un point controversé, tout en continuant bien entendu à se montrer plus exigeants pour le notaire mandataire que pour le notaire agissant en tant qu'officier public, dans la limite de ses attributions professionnelles.

Il nous faudrait maintenant, pour bien préciser l'étendue de la responsabilité du notaire investi d'un mandat, entrer dans le détail des applications pratiques ; mais ces applications sont, comme nous l'avons dit, trop nombreuses pour que nous puissions nous occuper séparément de chacune d'elles ; nous nous contenterons donc d'un exemple qui fera ressortir les principes que nous venons de poser.

(1) Poitiers, 3 juin 1847, D. 47. 2. 180. Voir de même : Cass., 17 août 1876, S. 76. 1. 153 ; Bourges, 22 février 1855, S. 55. 2. 143.
(2) Eloy, II, p. 160.

Des placements hypothécaires. — Le notaire a reçu mandat de son client de faire toutes les opérations relatives à un placement hypothécaire. Quelle sera en cette matière l'étendue de sa responsabilité?

Tout d'abord il répondra des nullités de fond. C'est ainsi qu'il devra s'assurer que celui qui emprunte l'argent que son client l'a chargé de placer, est capable (1), ou habilité s'il est incapable; il vérifiera si le bien affecté à la sûreté de la dette fait bien partie du patrimoine du débiteur (2), si la propriété de celui-ci n'est pas frappée d'une condition résolutoire (3), si le bien n'est pas indisponible (4).

Il répondra en second lieu de la solidité du placement dont il s'est chargé. Sur ce point il devra tenir compte d'une foule de considérations de fait; c'est ainsi qu'il devra se rendre un compte exact de la valeur de la sûreté réelle fournie par l'emprunteur (5), des charges qui grèvent l'immeuble donné en sûreté (6); un arrêt de la Cour de cassation du 28 mai 1888 décide notamment

(1) Cass., 19 juin 1850, S. 51.1.123 ; Douai, 7 mars 1882, D. 83.2.15.

(2) Alger, 1er septembre 1854, S. 55.1.625 ; Douai, 24 janvier 1837, *Gazette du Palais*, 87.1.312.

(3) Versailles, 23 décembre 1887, *Journ. not.*, 21930; Annecy, 18 novembre 1891, *Gazette des Tribunaux*, 14 février 1892.

(4) Par exemple, si ce n'est pas un immeuble dotal. V. Aix, 27 janvier, 1886 confirmé par Cass., 25 janvier 1887, D. 87.1.453.

(5) Cass., 14 janvier 1856, S. 57.1.209 ; Chambéry, 23 juin 1884, *Gaz. Pal.* 84.2.551 ; Douai, 19 janvier 1887, *Gaz. Pal.*. 87.1.312. V. aussi Bruxelles, 2 juin 1881, *Rec. not.*, 1881, p. 62).

(6) Cass., 20 décembre 1882, S. 83.1.176 : d'après cet arrêt le notaire est responsable s'il a omis de vérifier l'état hypothécaire de l'immeuble avant la signature de l'acte.

qu'il ne suffit pas au notaire pour être affranchi de la
responsabilité de se fier à la déclaration de l'emprunteur affirmant que les biens affectés sont quittes et libres
de toute charge.

Il répondra en troisième lieu de l'exécution de l'acte.
D'abord il va de soi qu'il devra employer la somme qu'on
l'a chargé de placer à la destination qui lui a été as-
signée par le mandant ; ensuite il devra veiller à ce que
toutes les formalités complémentaires et conservatoires
de la sûreté acquise soient accomplies. Il répondra du
défaut d'inscription (1) et du renouvellement d'inscription de l'hypothèque (2), ou de toute autre irrégularité
commise dans l'accomplissement de ces formalités et
susceptible de nuire à son mandant (3).

Nous pourrions multiplier les exemples, montrer
qu'en matière de vente, de cession de créance, de partage,
de placement non hypothécaire, le notaire, qu'il ait reçu
de son client un mandat général ou un mandat spécial,
sera en vertu de la jurisprudence très étroitement tenu
de réparer ses négligences ; mais il nous suffit d'avoir
indiqué le principe et d'avoir montré par quelques applications pratiques combien la responsabilité extra-pro-

(1) Cass., 14 février 1855, S. 55.1.171 ; 21 mars 1855, S. 55.1. 625 ; 22 août
1864, S. 64.1.449 ; 2 mai 1882, S. 84.1.416.

(2) Rouen, 13 mars 1854, S. 55.2.281 ; Aix, 27 mai 1879, *Journ. not.*,
22.284.

(3) Toulouse, 30 mai 1829, S. 30.2.144 ; Bordeaux, 21 janvier 1862, *Rec.
du not.*, III, 57 ; Paris, 23 janvier 1872, D. 72.2.121 ; Cass., 26 mars 1872,
S. 74.1.313 ; Cass., 25 novembre 1872, S. 73.1.65 ; Cass., 2 mai 1882 (V.
note 1) ; 9 juillet 1890, S. 92.1.557.

fessionnelle est plus étendue que celle qui découle des obligations imposées à l'officier public par la loi de ventôse.

§ 2. — Gestion d'affaires.

Le contrat de mandat suppose le consentement de celui qui donne le pouvoir d'agir en son nom, et l'acceptation de la personne qui s'oblige à exécuter la mission qui lui est confiée : il y a accord de deux volontés.

Le quasi-contrat de gestion d'affaires, se forme au contraire par l'intervention bénévole du gérant, sans le consentement, peut-être à l'insu du propriétaire. L'article 1372 du Code civil suppose que ce dernier peut avoir connaissance de la gestion : mais il s'agit d'une connaissance postérieure au commencement de la gestion, sinon il y aurait eu mandat.

Mais la connaissance ultérieure de la gestion, le silence gardé ne changent pas le caractère du quasi-contrat ; celui-ci reste ce qu'il était d'abord.

Dans ces conditions, le notaire sera bien rarement « *negotiorum gestor* ». En effet, il n'arrive guère qu'il se charge des affaires de ses clients à leur insu ; généralement il n'agit qu'en vertu de leur consentement exprès ou tacite, et dans la plupart des cas antérieur à tout acte de gestion. Aussi le mandat se présentera-t-il ici beaucoup plus fréquemment que la gestion d'affaires.

Cependant les tribunaux n'hésitent pas en maintes circonstances à attribuer au notaire la qualité de gérant d'affaires (1) par suite d'une confusion entre la *negotiorum gestor* et le mandat, confusion basée sur ce que le gérant d'affaires « se soumet à toutes les obligations qui résulteraient d'un mandat exprès que lui aurait donné le propriétaire », (Code civil, art. 1372, 2°). Cependant malgré cette ressemblance les deux situations diffèrent à bien des points de vue.

Tout d'abord les moyens de preuve ne sont pas les mêmes ; en second lieu, la responsabilité du gérant d'affaires est plus étendue que celle du mandataire. Nous reviendrons sur le premier point dans le chapitre III de cette seconde partie de notre étude, lorsque nous nous occuperons de la preuve du mandat et de la gestion d'affaires. — Parlons donc simplement ici de la question de l'étendue de la responsabilité.

Le principe est sans doute le même qu'en matière de mandat ; il s'agit toujours d'une faute contractuelle et l'article 1374, en déclarant que le gérant est tenu d'apporter à la gestion de l'affaire tous les soins d'un bon père de famille, ne fait qu'appliquer la règle générale de l'article 1137 qui donne pour base d'estimation de la faute contractuelle, la *culpa levis*.

Le gérant, comme le mandataire, sera dans cette mesure responsable de tous les actes relatifs à l'affaire dont il s'est chargé ; mais tandis que le mandat prend

---

(1) Rennes, 9 juillet 1834, S. 35.2.105 ; Cass., 19 mars 1845, S. 45.1.292 ; 22 avril 1856, S. 57.1.299 ; Orléans, 10 décembre 1875, S. 78.1.273 ; Lyon, 11 mars 1892, *Journ. not.*, 24915.

fin par la mort du mandant, ou la révocation du mandataire ou sa renonciation (1), il faut dire que le gérant sera tenu de continuer sa gestion jusqu'à ce que l'affaire soit consommée, et, le cas échéant, après la mort de celui dont il fait l'affaire « jusqu'à ce que l'héritier ait pu en prendre la direction (2) ». A ce premier point de vue la responsabilité du gérant est plus lourde que celle du mandataire. Et d'autre part, il est certain que le juge sera porté à apprécier plus sévèrement la faute de celui qui se sera immiscé sans mandat dans les affaires d'autrui que la faute d'un mandataire véritable.

Cela est si vrai que l'article 1374, alinéa 2, permet au juge de modérer les dommages-intérêts qui résulteraient des fautes ou de la négligence du gérant, eu égard aux circonstances qui ont conduit le gérant à se charger de l'affaire.

On peut donc dire que suivant les cas le juge devra tenir compte tantôt de la faute légère *in abstracto*, tantôt de la *culpa levis in concreto* ou même simplement de la faute lourde. En cette matière, ainsi que le dit très justement M. Emond, « le juge a un pouvoir discrétionnaire ; le texte et l'esprit de la loi le lui donnent (3) ».

La jurisprudence a maintes fois appliqué ces prin-

(1) Cod. civ., 2003, 2004, 2006, 2007
(2) Cod. civ., 1373.
(3) V. Emond, p. 199.

cipes notamment en matière de placement hypothécaire (1), de vente (2) et d'échange.

On voit donc qu'il y a intérêt à distinguer la gestion
d'affaires du mandat, et en dernière analyse il faut
dire que le notaire ne pourra être regardé comme gérant
d'affaires que moyennant deux conditions : il est nécessaire, tout d'abord, d'établir à sa charge un fait positif,
même isolé d'immixtion spontanée dans les affaires du
client, et en second lieu, il faut démontrer que « cette
immixtion a été, au début, totalement ignorée de ce dernier ou encore qu'il n'a eu aucun moyen de s'y opposer
s'il était parvenu à en acquérir connaissance (3) ». Tout
le monde est de plus d'accord pour reconnaitre que le
notaire est transformé en gérant d'affaires toutes les
fois qu'il dépasse les limites du mandat qui lui avait
été primitivement confié. Cette dernière solution est
sans doute fort juste, mais la jurisprudence ne s'en tient
pas là, et, comme nous l'avons déjà indiqué, les arrêts

---

(1) Le notaire agissant en qualité de *negotiorum gestor* est, d'après les
arrêts, responsable de la solidité du placement, de l'existence et de la fer-
meté des droits du constituant sur l'immeuble offert en garantie, du montant des charges et particulièrement des hypothèques occultes dont le bien
était déjà grevé.
Rouen, 18 mars 1868, S. 69. 2. 198 ; Cass., 1. juillet 1806, S. 66. 1. 320 ;
Lyon, 4 mars 1876, S. 77. 2. 65 ; Aix, 2 mars 1889, J. du not. 23323 ; Paris, 13 novembre 1892, J. du not., 1892, p. 56.

(2) Lorsque le notaire a pris l'initiative d'opérer le paiement du prix
d'une vente, il est soumis au recours des parties lésées par les négligences commises dans la distribution de cette somme. — V. Bauby, p. 325 ;
Cass., 20 juillet 1821, S. 22. 1. 383 ; Paris, 13 janvier 1865, S. 65. 2. 50.

(3) Bauby, p. 416.

confondent souvent à tort le mandat et la gestion d'affaires à tel point que les considérants emploient indistinctement une expression pour l'autre et paraissent considérer les deux comme synonymes (1).

§ 3. — Dépôt (2).

Ainsi que nous le verrons dans le chapitre II, la faculté qu'ont les parties de mettre des titres ou des sommes en dépôt chez leur notaire se trouve singulièrement restreinte par les dispositions du décret du 30 janvier 1890 qui est venu compléter le système de prohibitions organisé par l'article 19 de l'ordonnance du 14 janvier 1843. — Néanmoins, même en tenant compte des prescriptions établies, l'officier public sera amené fréquemment à jouer le rôle de dépositaire. — Quelle sera en cette hypothèse l'étendue de sa responsabilité ? Il faut pour répondre se référer au droit commun. Aux termes de l'article 1927, « le dépositaire doit apporter dans la garde de la chose déposée les mêmes soins qu'il apporte dans la garde des choses qui lui appartiennent ». Ainsi tandis que s'il est investi d'un mandat le notaire est responsable de sa *culpa levis in abstracto* (art. 1292), s'il est dépositaire il ne sera tenu que de sa *culpa levis*

(1) Voir notamment : Cass., 19 mars 1815, D. 45. 1. 186.
(2) Nous ne parlerons ici que du dépôt conventionnel et non du rôle que doit jouer le notaire en qualité de dépositaire légal de ses archives et notamment des testaments olographes déposés dans ses minutes par ordre du magistrat (art. 1007, C. civ.). V. sur ce point Dauby, p. 256 et suiv.

in concreto. A la disposition de l'article 1927 il convient
d'ajouter celle de l'article 1928 qui vise certaines circonstances dans lesquelles la faute devra être appréciée plus
rigoureusement (1).

Ces règles seront assez faciles à appliquer lorsqu'il
s'agira du dépôt de titres ou de papiers, mais dans le
cas d'une remise de fonds, le contrat de dépôt apparaîtra
souvent combiné avec le contrat de mandat et il sera fort
délicat de décider lequel des deux doit l'emporter en
dernière analyse. Il arrivera très souvent en effet que le
client versera une somme entre les mains du notaire, à
charge par celui-ci de la restituer après l'accomplissement de certaines conditions ou d'en faire un emploi
déterminé (2). Une telle opération est-elle un dépôt, ou
bien un mandat? Il faut, croyons-nous, pour répondre
considérer la fin principale du contrat, le but qu'ont voulu
atteindre les parties en le faisant. — S'il apparaît que
ce but c'est la garde de la chose, les règles du dépôt
s'appliqueront, si au contraire les parties ont surtout eu
en vue l'emploi à faire des fonds remis à l'officier ministériel, on devra dire que l'on est en présence d'un
mandat véritable (3). Tout est ici question de fait et c'est
uniquement d'après les circonstances de la cause que
les juges devront se décider.

(1) A savoir : 1° si le dépositaire s'est offert lui-même pour recevoir
le dépôt ; 2° s'il a stipulé un salaire pour la garde du dépôt ; 3° si le dépôt
a été fait uniquement pour l'intérêt du dépositaire ; 4° s'il a été convenu
expressément que le dépositaire répondrait de toute espèce de faute.

(2) Bauby, p. 328.

· (3) Cass., 10 février 1832, S. 32.1.543; Paris, 18 janvier 1831, S. 31.2.92.

Quant aux faits susceptibles d'engager la responsabilité du notaire qui a accepté un dépôt, ils se réfèrent à
deux ordres d'idées : la garde du dépôt et sa restitution.
Sur ce point les arrêts appliquent purement et simplement au notaire les articles 1931 à 1944 du Code civil
relatifs aux obligations du dépositaire.

CHAPITRE II

RESTRICTIONS APPORTÉES AUX ENGAGEMENTS EXTRA-PRO-FESSIONNELS DU NOTAIRE, PAR SUITE D'OBLIGATIONS OU DE PROHIBITIONS PROFESSIONNELLES.

Avant de pénétrer plus avant dans l'étude de la responsabilité extra-professionnelle du notaire, il convient de nous demander si le notaire sera toujours libre d'engager cette responsabilité, s'il pourra faire avec ses clients toutes sortes de conventions, ou si, au contraire, sa capacité ne sera pas restreinte par le fait qu'il exerce les fonctions d'officier public.

Il ne faut pas oublier en effet qu'avant tout, le notaire est chargé de donner l'authenticité aux actes ; que c'est là son rôle principal. Or ce rôle est des plus importants et des plus délicats ; il met le notaire à même de connaître parfaitement la fortune et la situation des particuliers qui sont forcés de s'adresser à lui ; à ce titre on a raison de dire que l'ordre public est intéressé au bon exercice du notariat ; il ne faut pas que l'officier public puisse se laisser aller à des entraînements susceptibles de le compromettre, il faut le protéger contre lui-même et la tentation à laquelle il sera plus que tout autre exposé de faire des spéculations bien souvent dangereuses. C'est ce que le législateur a bien compris, aussi a-t-il organisé un certain nombre de prohibitions sanctionnées par des peines disciplinaires, dans le but d'assurer le bon fonctionnement d'une institution dont l'importance exige une réglementation minutieuse et un contrôle sévère.

L'étude de cette responsabilité disciplinaire ne rentre pas dans notre cadre ; du moins allons-nous y toucher sur un point en nous demandant jusqu'à quel point elle limite le pouvoir du notaire de s'engager vis-à-vis de ses clients, en dehors de ses obligations professionnelles.

§ 1. — Mandat et gestion d'affaires.

Et tout d'abord y a-t-il incompatibilité entre les agissements d'un mandataire conventionnel ou d'un gérant d'affaires et les fonctions publiques dont le notaire est investi ? Nous ne le pensons pas.

Sans doute l'article 8 de la loi de ventôse leur défend d'être partie intéressée dans les actes qu'ils dressent, mais lorsque le notaire a reçu un mandat de son client, ce n'est pas en son nom qu'il agit, c'est au nom de son client ; *l'opération ne lui est pas personnelle*, et dès lors rien ne l'empêchera d'être mandataire et en même temps d'instrumenter au sujet de son mandat (1).

Un argument plus fort pourrait être tiré de l'article 12, 6° de l'ordonnance du 4 janvier 1843, ainsi conçu :

_____

(1) V. sur ce point Riom, 23 novembre 1840, rapporté par Avignon, p. 77 et par Bauby, p. 286.

« Il est interdit aux notaires... 6° de se constituer garants ou cautions, à quelque titre que ce soit, des prêts
qui auraient été faits par leur intermédiaire ou qu'ils
auraient été chargés de constater par acte public ou
privé ».

Il semble bien que l'application rigoureuse de cette
disposition doive mettre le notaire dans l'impossibilité
de se rendre responsable envers un mandant qui serait
son client et par conséquent doive entraîner la nullité
de toutes les procurations générales ou spéciales données au notaire. Mais on est d'accord pour admettre,
que les prohibitions de l'ordonnance de 1843 n'ont
qu'une sanction purement disciplinaire « en sorte
qu'elles ne peuvent avoir eu pour effet d'abroger les
principes les plus essentiels du droit civil (1) », notamment ceux sur la responsabilité contractuelle. Aussi, la
jurisprudence n'a-t-elle jamais élevé de difficultés sur
ce point, et, comme le dit très judicieusement un auteur (2), « c'est un fait dont il faut se réjouir, étant
donné les services inappréciables que peut rendre à ses
clients le notaire qui accepte le mandat par eux conféré ».

Ce que nous disons du mandat est vrai de la gestion
d'affaires, d'autant plus que la jurisprudence tend, ainsi
que nous l'avons vu, à confondre les deux opérations.

(1) Paul Henry, *Rev. du not.*, XXXIII, p. 790. — Bordeaux, 2 janvier
1884, *Gazette du Palais*, 84.1, *supp.*, 139 ; Toulouse, 1er février 1889,
Journ. du not., 1892, p. 729.
(2) Bauby, p. 287.

§ 2. — Dépôt.

Aucune disposition des lois et règlements concernant le notariat n'interdit à vrai dire aux notaires de recevoir sous leur responsabilité, des dépôts de leurs clients, mais depuis le décret du 30 janvier 1890 et ses prescriptions rigoureuses, il sera très rare que l'on remette des fonds à un notaire uniquement pour en assurer le dépôt et la plupart du temps ce dépôt ne sera que l'accessoire d'un mandat. L'article 1er du décret de 1890 défend en effet aux notaires de recevoir ou conserver des fonds à charge d'en servir l'intérêt, d'employer même temporairement les sommes ou valeurs dont ils sont constitués détenteurs à un titre quelconque, à un usage auquel elles ne seraient pas destinées ; et l'article 2 ajoute : les notaires ne peuvent conserver durant plus de six mois les sommes qu'ils détiennent pour le compte de tiers, à quelque titre que ce soit. Mais dans les limites étroites établies par le décret le dépôt sera, répétons le, possible et les solutions que nous avons données précédemment au sujet de la responsabilité du notaire dépositaire trouveront leur application.

§ 3. — Cautionnement.

Il n'en va pas de même du cautionnement. Ici, nous ne nous trouvons plus en présence d'une restriction mais d'une prohibition. L'article 12, page 6 de l'ordonnance du 4 janvier 1843 (déjà cité à propos du mandat) est formel à cet égard et la jurisprudence n'a jamais hésité à condamner le notaire qui aura assumé expressément l'obligation personnelle de garantir la solidité de placements négociés par lui (1). Mais la jurisprudence va plus loin ; elle déclare que le notaire doit être considéré comme ayant fourni sa garantie personnelle toutes les fois qu'il a géré en maître comme s'il s'agissait de sa propre affaire.

C'est ainsi qu'un arrêt de la Cour d'Amiens en date du 27 novembre 1889 (2) a déclaré caution personnelle un notaire qui s'était obligé à payer, à partir du jour où elles étaient versées entre ses mains, l'intérêt des sommes à lui remises pour en effectuer le placement, par la raison que l'officier public avait seul géré les créances, continué le service des intérêts, en un mot, avait agi en maître du droit résultant du titre hypothécaire.

A notre avis il y avait là une gestion d'affaires et non pas un cautionnement ; le cautionnement aux termes de l'article 2015 ne se présume pas, il doit être exprès. Cela ne veut pas dire sans doute qu'un écrit soit toujours nécessaire pour le prouver, mais cela empêche assurément que la volonté de se rendre caution puisse jamais s'induire des circonstances de la cause, quelque concluantes qu'elles paraissent (3) ; or c'est précisément

(1) Trib. Seine, 31 janvier 1843, J. N. 11559 ; Bordeaux, 2 janvier 1884 ; Chambéry, 8 juillet 1891, J. du not., 1891, p. 715 ; Paris, 5 février 1892, D. 92.2.197 ; Trib. Bourgoin, 28 juin 1883, J. du not., 1883, p. 714.
(2) Gaz. Pal., 90.1.91 ; Adde, Douai, 22 mars 1876, Rec. du not., XVII, 905 ; Rennes, 31 mai 1881, J. N. 22686.
(3) Sic, Aubry et Rau, p. 421, t. IV, p. 676.

ce que fait l'arrêt de la Cour d'Amiens rapporté plus haut, ce sont les circonstances de la cause qui lui font décider qu'il y a cautionnement. A notre avis, une pareille interprétation est contraire à la loi ; les tribunaux ne peuvent appliquer la prohibition de l'ordonnance de 1843 que lorsque le notaire aura formellement écrit ou dit qu'il entend s'engager personnellement.

CHAPITRE III

CHAMP D'APPLICATION DE LA RESPONSABILITÉ EXTRA-PROFESSIONNELLE.

Lorsque nous avons, dans le chapitre premier de cette seconde partie, étudié l'étendue de la responsabilité extra-professionnelle du notaire nous avons supposé, par hypothèse, que celui-ci s'était formellement constitué mandataire ou gérant d'affaires de son client (1).

Mais si nous ouvrons les recueils de jurisprudence, nous trouvons une foule d'arrêts dans lesquels l'officier ministériel est appelé mandataire ou gérant d'affaires, sans qu'apparaisse nettement la trace d'un engagement contractuel ou quasi-contractuel. Quelle est la valeur juridique d'une telle théorie qui tend à agrandir considérablement le champ de la responsabilité extra-professionnelle ?

C'est ce que nous allons étudier dans ce chapitre. La question à résoudre peut être ainsi formulée : Le notaire, en l'absence de tout mandat ou gestion générale

(1) Nous passons dans ce chapitre le dépôt sous silence, car nous avons vu que la plupart du temps, en pratique, le dépôt n'intervient que comme l'accessoire du contrat de mandat.

et antérieure, *reçoit un acte* ; dans quelle mesure et à quelles conditions peut-il être réputé avoir garanti comme mandataire ou gérant la validité de cet acte ? En d'autres termes, quelle preuve faut-il administrer devant le tribunal juge de l'action en responsabilité pour l'amener à décider que le notaire s'est engagé contractuellement ?

Le mandat en effet n'a pas besoin pour exister d'être conféré par écrit, il pourra être donné verbalement, et même tacitement (1).

Et, tandis qu'en matière de gestion d'affaires tout mode de preuve sera admis conformément à l'article 1348 du Code civil, le mandat exprès ou tacite (2) restera soumis au droit commun, c'est ce qu'indique expressément l'article 1985, alinéa 1, qui dit que la preuve testimoniale du mandat n'est reçue que conformément à l'article 1344.

Quant à l'acceptation du mandat, la loi dit expressément qu'elle peut n'être que tacite et qu'elle se pourra prouver au moyen de faits d'exécution (art. 1985, al. 2).

C'est l'interprétation de ce texte qui donne lieu à de grandes difficultés; les questions de fait ont, en cette matière, une importance extrême. — Quels seront les faits que l'on pourra justement qualifier faits d'exécution du mandat? Et de même pour la gestion d'affaires, quand

---

(1) C'est du moins l'opinion à peu près universellement admise. — V. Troplong, *Mandat*, n°⁵ 118, 131 ; Paul Pont, *Petits contrats*, I, n° 845. — Aubry et Rau, § 411, 10, p. 636.

(2) Sur l'assimilation au point de vue de la preuve du mandat tacite avec le mandat exprès voir Cass., 20 décembre 1875, *J. Palais*, 1856, n° 1033.

pourra-t-on dire qu'il y aura eu immixtion suffisante du
notaire dans les affaires de son client pour l'engager
quasi-contractuellement? C'est sur ce point que la jurisprudence nous paraît être d'une sévérité exagérée pour
l'officier ministériel, car elle fait résulter le mandat ou la
gestion d'affaires de présomptions vagues ou de faits
insuffisants. Logiquement, à quel critérium devraient
s'en tenir les tribunaux? A cette question il faut répondre avec M. Paul Pont que le juge devra « en s'inspirant
de la nature même des choses, tout ramener à une règle
unique, laquelle consistera, après avoir reconnu et pré-
cisé l'objet même du mandat allégué, à n'admettre,
comme faisant preuve de l'acceptation par le notaire, que
les faits *absolument corrélatifs*, si bien qu'on ne les
puisse comprendre et qu'ils n'aient de raison d'être que
comme exécution du mandat » (1).

Or, nous allons montrer par quelques exemples que
la jurisprudence méconnaît absolument une règle si simple et si rationnelle :

1° Un notaire a passé un acte d'après lequel son client
prête sur hypothèque à *Primus*; après la passation de
l'acte le notaire accomplit lui-même les formalités complémentaires : transcription, inscription d'un privilège,
d'une hypothèque. Dans ce fait, la jurisprudence voit
un acte d'exécution d'un mandat ou une gestion d'affaires ; sur ce point les arrêts sont nombreux (2). A notre

(1) *Rec. du not.*, n° 462, IV, p. 162, 163.
(2) V. Poitiers, 30 juin 1847, D. 47.2.190; Paris, 13 juin 1851, S. 51.2.605;

avis le fait par le notaire d'accomplir les susdites formalités, est bien plutôt le résultat d'un usage constant que
la preuve de l'acceptation d'un mandat, en faisant trans-
crire ou inscrire le notaire « n'entend pas plus se constituer le mandataire de son client que lorsque, pour dresser un intitulé d'inventaire, il fait lever un acte de l'état
civil (1) ».

2° Prenons encore l'exemple d'un placement hypothécaire ; du fait que le prêteur est absent lors de la réception de l'acte, les arrêts concluent pour la plupart que
le notaire a reçu mandat de le représenter (2). La jurisprudence admet sans doute que lorsque l'absence du
prêteur pourra être interprétée d'une façon plausible, on
n'en devra pas conclure à l'acceptation d'un mandat par
le notaire ; mais à défaut d'explication, ils déclarent
mandataire le notaire qui aurait négligé de mettre les
parties en présence ; or c'est là qu'est l'exagération d'une
pareille doctrine ; il ne faut pas oublier que la constitution d'hypothèque (qui est l'hypothèse dans laquelle nous
nous sommes placés) est un contrat unilatéral, que la
présence du prêteur à l'acte constitutif d'hypothèque
n'est nullement requise à peine de nullité et que dès lors
le prêteur n'ayant pas besoin d'être présent n'aura pas à
être représenté s'il est absent. A vrai dire, la présomp-

Cass., 14 février 1855, S. 55.1.171 ; Riom, 7 avril 1856. J. N., 15808 ;
Cass., 19 mars 1856, S. 57.1.213 ; Cass., 18 janvier 1892, S. 92.1.255.

(1) Avignon, op. cit., p. 83.

(2) Caen, 9 avril 1839, S. 39.2.372 ; Cass., 7 mars 1842, S. 42.1.297 ; Cass.'
3 août 1847, S. 47.1.764 ; Bordeaux, 12 février 1890, D. 91.2.47.

tion devrait être renversée et tout à l'avantage du notaire ; ce devrait être à la partie à prouver que son absence a pour cause le mandat donné au notaire. Malheureusement la jurisprudence paraît être encore fort loin d'adopter une pareille manière de voir qui, cependant, est la seule conforme aux principes du droit (1).

On a voulu de même présumer une procuration tacite dans le fait qu'un notaire était investi de la confiance de son client et lui procurait de nombreux placements, dans la circonstance que le client était illettré ; de même un arrêt de la Cour de Toulouse en date du 25 juin 1855, confirmé par la Cour de cassation (2), voit une présomption de mandat dans l'indication dans l'acte que le paiement aura lieu en l'étude du notaire; d'autres arrêts aboutissent à la même conclusion en se basant sur ce fait que les parties ont, pour l'exécution de leurs conventions, élu domicile en l'étude de l'officier public, ou encore, que le notaire a été l'intermédiaire, le négociateur d'un placement, en mettant en rapport des parties qui ne se connaissaient pas auparavant (3). En un mot, et pour résumer tout ce que nous venons de dire, les tribunaux paraissent trop oublier les termes de l'article 1353 du

---

(1) V. Bellanger, p. 300.

(2) Alger, 6 juillet 1805, *Rec. not.*, 1761.2 ; Cass., 22 avril 1856, *J. Pal.* 56.2.451; Angers, 14 janvier 1875, S. 75.1.455 ; Aix, 10 décembre 1881, *Gaz. du Pal.*, 82.1.90.

(3) Toulouse, 30 mai 1829, S. 30.2.111 ; Rennes, 9 juillet 1831, S. 35.2.105 ; Besançon, 17 février 1811, *Journ. du Palais*, 15.632 ; Trib. Seine, 30 novembre 1877, *J. du not.*, 3)53; 4 décembre 1877, *La Loi*, 5 juillet 1881.

Code civil, lequel dit que les présomptions qui ne sont point établies par la loi, sont abandonnées aux lumières et à la prudence du magistrat, qui ne doit admettre que des présomptions graves, précises et concordantes. — D'où proviennent ces errements des tribunaux ? Lorsque nous nous sommes demandé quelle extension il convenait d'apporter à l'article 68 de la loi de ventôse, nous avons vu que pour la jurisprudence le notaire est *mandataire légal* des parties et qu'à ce titre il répond des nullités de fond de l'acte auquel il donne l'authenticité. Nous avons combattu cette opinion et montré qu'à notre avis elle était sans fondement juridique. Mais on comprend que les tribunaux, pénétrés de l'idée que le notaire est un loueur de services, n'hésitent pas à faire résulter le mandat de circonstances aussi peu probantes que celles que nous avons étudiées, puisqu'ils n'hésitent pas, au sujet de la responsabilité professionnelle, à créer une présomption légale de mandat, en dehors des textes. — Quoi qu'il en soit, nous pensons avoir suffisamment montré l'esprit de la jurisprudence actuelle, et sa rigueur exagérée. Nous allons retrouver les mêmes erreurs et les mêmes sévérités en étudiant la responsabilité du notaire à raison non plus d'un mandat ou d'une gestion d'affaires, c'est-à-dire d'un engagement proprement dit, mais de simples conseils donnés à ses clients.

APPENDICE

DES CONSEILS.

D'après un jugement du Tribunal civil de la Seine du 25 janvier 1842, la mission des notaires ne consiste pas seulement à donner aux actes qu'ils reçoivent le caractère de l'authenticité; ils doivent encore veiller aux intérêts de leurs clients, leur faire comprendre la portée des engagements qu'ils contractent : ils sont les conseils forcés de leurs clients, dit un arrêt de la Cour de Poitiers du 30 juin 1847 (1).

Avant de discuter les principes énoncés dans ces décisions judiciaires, il est nécessaire d'en apprécier la portée et la signification précise.

Nous avons admis sans difficulté que le rôle des notaires ne doit pas être purement passif comme l'ont affirmé quelques auteurs ; ils ne peuvent pas se borner à constater simplement les conventions des parties telles que celles-ci entendent les passer : ils doivent les avertir des conséquences possibles de telle ou telle clause, leur donner la signification juridique des termes employés, peut-être contraire à leurs intentions, les mettre en garde contre les nullités encourues, en un mot faire

(1) D. 47. 2. 190.

tout ce qui est en leur pouvoir, pour assurer aux engagements dont ils reçoivent le dépôt la fixité et l'efficacité désirables.

Mais en dehors des diverses causes de responsabilité que nous avons étudiées, les devoirs imposés au notaire ne rentrent pas dans ses attributions : ce sont des obligations purement morales, à moins qu'une circonstance particulière ne vienne en modifier la nature.

Telle est, d'après nous, la prétendue obligation du conseil.

Le notaire a le devoir moral d'éclairer ses clients sur les conséquences des engagements dont ils réclament de lui la constatation authentique ; il peut être consulté sur le mérite de telle opération à réaliser dans l'avenir par acte notarié ou même sur des affaires étrangères à son ministère. Mais toutes ces obligations n'ont aucune sanction légale.

Un conseil donné loyalement est un acte de pure obligeance. Celui qui le donne n'a aucunement l'intention de s'engager à un titre quelconque ; de même celui qui le reçoit est libre de le suivre ou de n'en pas tenir compte ; en cas d'insuccès, il n'a à s'en prendre qu'à lui-même. Le conseil n'est pas un ordre ; ce n'est pas non plus un mandat.

Celui-ci est un contrat : il lie les deux parties ; le mandataire est tenu d'accomplir la mission qui lui a été confiée et qu'il a acceptée, le mandant est tenu d'exécuter les engagements pris en son nom par le mandataire.

Celui qui donne un conseil n'entend pas garantir le succès de l'affaire ; s'il est imprudent, non fondé sur une connaissance approfondie de la question, il constitue une faute morale, mais aucune indemnité pécuniaire ne peut être réclamée par celui qui en a souffert : son acquiescement a été un fait volontaire ; lui aussi peut être accusé d'imprudence, il aurait dû s'assurer par lui-même des suites de l'affaire avant de l'entreprendre.

Ces principes étaient autrefois consacrés par la doctrine et la jurisprudence.

C'est en se fondant sur ces raisons que l'on exempte l'avocat de toute responsabilité au sujet de ses consultations, à moins qu'il n'y ait eu fraude ou dol de sa part (1).

Il n'y a pas de motif pour appliquer d'autres règles au notaire. Alors même qu'il aurait recommandé une affaire, il ne contracte aucune obligation de garantie, car celui qui recommande n'entend pas s'engager : mander et recommander sont deux choses différentes, a-t-on dit souvent. Il y a lieu de remarquer en outre que les conseils donnés par le notaire sont gratuits : il ne perçoit d'honoraires que pour la rédaction des actes ; mais il peut se faire que, d'après les conseils désintéressés de l'officier public lui-même, aucun contrat ne soit passé, dès lors il n'est dû aucune rémunération. Si on

---

(1) V. Dalloz, *Répertoire* (suppl.) au mot *Avocat*, n° 159, de même pour l'avoué (V. Cass., 13 juillet 1821) ; Dalloz, *Répertoire* au mot *Avoué*, n° 2455 ; la même solution s'impose pour l'agent de change.

le déclare responsable des conseils donnés de bonne foi à l'occasion de la rédaction des actes, il n'y a pas de raison pour l'exonérer de toute responsabilité quand les parties ne signent aucun contrat ; mais l'injustice de ce système paraîtra encore plus choquante dans la seconde hypothèse.

Cependant la jurisprudence tend à le consacrer. Les décisions judiciaires citées en tête de ce chapitre posent en principe que le notaire doit ses conseils aux parties, qu'il est tenu de veiller à l'observation des formalités dont l'absence pourrait compromettre leurs intérêts ; en un mot les devoirs moraux dont nous avons donné quelques exemples sont érigés en obligations strictes.

La conséquence inévitable de cette opinion est de rendre le notaire le tuteur légal de ses clients ; ceux-ci lui remettraient le soin de tous leurs intérêts. Dès qu'une personne s'adresserait à cet officier public, on supposerait que par là même elle a placé en lui une confiance aveugle et s'est déchargée du soin de surveiller elle-même ses affaires : les actes signés par elle le seraient sans doute d'après l'ordre du notaire, sans une observation de la part du signataire, sans que celui-ci se rendît compte de la portée et de la signification des clauses qu'on lui lit et qu'il approuve cependant de confiance.

L'application de ces idées a été faite par la jurisprudence, surtout à propos des ventes et des placements hypothécaires.

Nous avons supposé jusqu'ici qu'il s'agit de conseils donnés de bonne foi et exécutés librement.

Mais les conséquences seraient tout autres en présence d'un avis donné de telle manière que l'officier public eût persuadé les parties de faire ce qu'elles n'avaient pas l'intention de faire et qu'elles n'auraient pas fait sans l'intervention d'une personne qui, par son autorité, sa position, a entraîné leur confiance et leur a laissé croire qu'elle voulait répondre de l'affaire.

Ici le conseil change de nature, il s'y mêle une idée de garantie ; la personne qui le donne se porte fort du succès de l'entreprise ; le client n'a plus une entière liberté de décision ; sa confiance, peut-on dire, a été trompée en cas d'insuccès.

Il faut donc que les juges examinent avec soin les circonstances de la cause, qu'ils recherchent la nature des rapports du notaire avec les parties ; ils doivent consulter les faits, avoir égard à la qualité des personnes, à leur degré d'instruction, à leur situation. La question est de savoir si celui qui a donné le conseil avait intérêt à le donner. Dans le doute, les faits doivent naturellement être interprétés en faveur du défendeur, c'est-à-dire du notaire : on doit supposer que celui dont la mission était de donner un simple conseil n'a pas voulu aller au delà et se faire garant du succès.

Nous reconnaissons d'ailleurs que beaucoup de jugements adoptent cette manière de voir et exonèrent le notaire de toute responsabilité quand il n'est pas sorti de son rôle, qui est de donner aux parties des conseils désintéressés en l'absence de toute idée de garantie.

Il est bon de faire observer que les matières sur lesquelles le notaire est appelé à donner son avis sont souvent délicates, que les controverses y sont fréquentes, et que des personnes très éclairées peuvent y commettre des erreurs. De plus l'officier public est souvent obligé de s'en rapporter à des indications insuffisantes, à un exposé erroné des faits : toutes choses qui doivent l'induire en erreur et le porter à donner des renseignements inexacts.

Si les tribunaux doivent se montrer sévères à l'égard des officiers ministériels peu scrupuleux qui abusent de leur situation pour entraîner leurs clients dans des opérations hasardeuses ou même contraires à leurs intérêts, il est bon cependant qu'ils se mettent en garde contre les prétentions de spéculateurs trompés dans leur attente et trop portés à faire peser sur un autre la responsabilité d'actes qu'ils ne peuvent imputer qu'à eux-mêmes. A côté de jugements qui ont sévi contre des notaires coupables, il y en a d'autres qui les ont sauvés, avec raison, de recours injustes.

« Je pense, dit M. Troplong, qu'il n'est pas bon de pousser à l'excès la responsabilité des notaires et qu'il ne faut pas environner de trop de périls leurs fonctions déjà si délicates et si difficiles (1) ».

(1) *Du mandat*, n° 25.

CONCLUSION

Nous croyons avoir suffisamment montré les erreurs de la jurisprudence actuelle et les dangers qu'elle fait courir à l'institution du notariat. C'est une des principales causes, sinon la plus importante, des ruines accumulées surtout pendant les dix dernières années.

A plusieurs reprises, le gouvernement s'est ému de cette situation anormale d'un corps si honorable et autrefois si respecté. Enfin ont paru les deux décrets du 30 janvier 1890 et du 2 février suivant. Ils ont pour but de réglementer d'une manière uniforme la comptabilité notariale qui variait autrefois beaucoup avec les études ; beaucoup de notaires se passaient même de comptabilité. Il est bien vrai que des notaires peu sérieux et ne voulant ou ne sachant pas se rendre un compte exact de leur situation de fortune, se laissaient entraîner à des dépenses exagérées, en disproportion avec les revenus de leur étude ; d'où la gêne d'abord, les expédients hasardeux et souvent la ruine et le déshonneur.

Il n'est pas niable que plusieurs catastrophes aient eu leur cause dans de pareils agissements ; mais combien de notaires fort honorables se sont trouvés ruinés par suite de la responsabilité exagérée que l'on a fait peser sur eux, surtout en matière de prêts hypothécaires, au point que des officiers publics trop craintifs ne veulent plus recevoir de placements de cette nature. Les conséquences d'une pareille situation sont faciles à prévoir : ce sont la gêne dans les transactions, le crédit restreint, l'industrie paralysée.

Espérons que la jurisprudence se rendra compte que le malaise qui pèse sur l'institution notariale tient aussi à la sévérité de certains arrêts qui paralysent l'initiative des officiers ministériels et aboutissent à entraver le libre exercice de leur ministère.

Le jour où les tribunaux se décideront à se relâcher de leur rigueur et à faire au notaire l'application pure et simple des vrais principes juridiques, un grand pas aura été fait dans le sens de l'amélioration que nous appelons de tous nos vœux.

POSITIONS

DROIT ROMAIN

Positions prises dans la thèse.

I. — L'obligation d'*auctoritas* dérive de plein droit de la *mancipatio*.

II. — L'*actio auctoritatis* est délictuelle.

III. — L'action née de la *stipulatio habere licere* est encourue, même si l'acheteur est troublé par le fait d'un tiers et non seulement par le fait du vendeur ou de son héritier.

IV. — La promesse du double, exigible dans les ventes d'esclaves en vertu de l'édit des édiles, est la *stipulatio duplæ* ordinaire.

V. — Dès l'époque de Trajan, la *stipulatio habere licere* pouvait être exigée du vendeur.

VI. — A l'époque des Sévère, la *stipulatio duplæ* pouvait être sous-entendue.

Positions prises en dehors de la thèse.

I. — Le pacte de résiliation de la vente consensuelle ne fait naître qu'une exception.

II. — L'acheteur peut usucaper avant le paiement du prix.

III. — L'obligation *in solidum* ne pouvait résulter d'une convention.

IV. — La *lex commissoria* est un *mutuus dissensus* conditionnel.

V. — Les tombeaux compris dans un terrain vendu ne deviennent pas la propriété de l'acheteur.

DROIT FRANÇAIS

Positions prises dans la thèse.

I. — La responsabilité civile des notaires est délictuelle et non contractuelle.

II. — L'article 11 de la loi du 25 ventôse an XI ne s'applique pas à la capacité des parties.

III. — Les mots « s'il y a lieu » de l'article 68 de la loi de ventôse permettent au juge d'atténuer, le cas échéant, l'étendue de la responsabilité professionnelle du notaire.

IV. — Le notaire répond des nullités de forme et non de celles tenant au fond du droit.

V. — Le notaire peut en principe s'exonérer de la responsabilité en insérant dans l'acte une clause formelle à cet effet.

VI. — Le notaire ne doit pas être présumé mandataire des parties.

VII. — C'est à tort que la jurisprudence assimile le mandat à la gestion d'affaires au point de vue de la responsabilité contractuelle du notaire.

VIII — Le simple conseil donné de bonne foi n'engendre pas la responsabilité de celui qui le donne.

En dehors de la thèse.

DROIT CIVIL

I. — La transcription de l'acte qui constate une convention

verbale suffit pour sauvegarder le droit à l'égard des tiers, même si cet acte ne fait pas preuve dans les termes de la loi.

II. — Dans la gestion d'affaires, la ratification du maître n'est pas soumise à la transcription.

III. — L'acte qui règle l'exercice d'une servitude légale doit être transcrit.

IV. — Le droit de rétention est un droit réel opposable aux tiers.

V. — En cas de faillite ou de déconfiture, les créanci hypothécaires ne peuvent invoquer la déchéance du terme.

DROIT COMMERCIAL MARITIME

I. — Les clauses d'irresponsabilité de l'armateur à raison des fautes du capitaine sont valables entièrement.

II. — L'obligation de contribuer à la réparation de l'avarie commune vient de ce principe que nul ne doit s'enrichir aux dépens d'autrui.

III. — Quand un navire est construit à l'entreprise, si l'entrepreneur fournit les matériaux et la main-d'œuvre, le contrat qui intervient entre lui et l'armateur est une vente à livrer.

IV. — Pour qu'il y ait avarie grosse, il suffit que le capitaine ait eu en vue l'intérêt commun, même s'il n'y a pas en réalité de danger.

V. — Il n'est pas nécessaire non plus que le péril vienne d'un cas fortuit; il peut venir de la faute.

PROPRIÉTÉ LITTÉRAIRE.

I. — Les héritiers bénéficiaires de l'auteur d'une œuvre littéraire ne peuvent être forcés de publier un manuscrit inédit ; mais s'ils le publient, ils doivent compte aux créanciers héréditaires du profit tiré de cette publication.

II. — **La distinction du dessin artistique et du dessin industriel repose sur une question d'esthétique.**

Vu :

Le Doyen,

COLMET DE SANTERRE   Vu :

Le Président de la thèse,

LÉON MICHEL.

Vu et permis d'imprimer :

Le Vice-Recteur de l'Académie de Paris,

GRÉARD.

TABLE DES MATIÈRES

DROIT ROMAIN

DROIT FRANÇAIS

PREMIÈRE PARTIE
Responsabilité professionnelle

DEUXIÈME PARTIE
Responsabilité extra-professionnelle.

Imp. G. Saint-Aubin et Thevenot, Saint-Dizier, (Haute-Marne) 15-17, passage Verdeau, Paris.

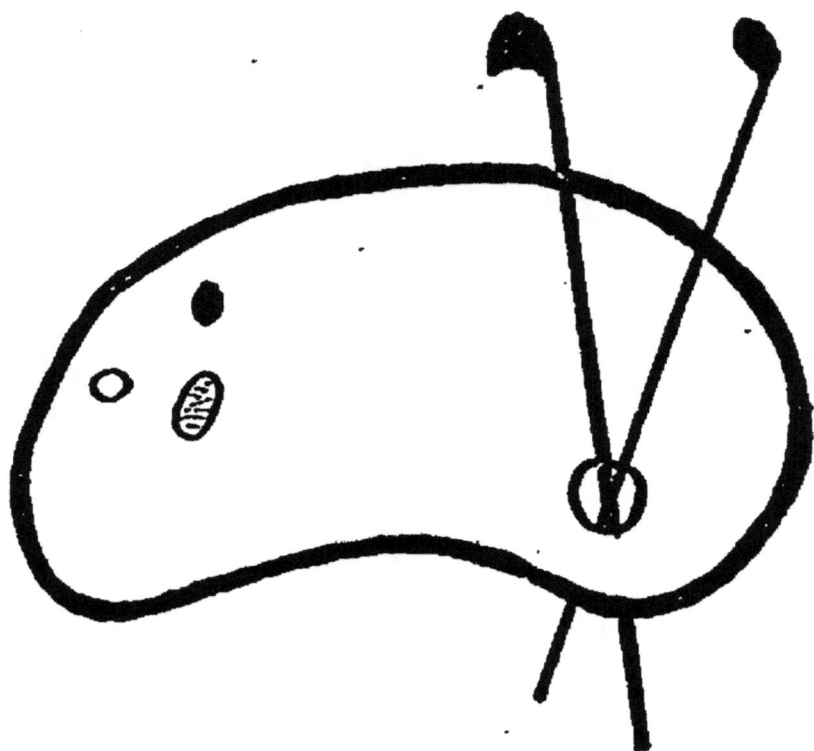

ORIGINAL EN COULEUR
NF Z 43-120-8